青少年短跑项目训练指导手册

中国田径协会　编

人民体育出版社

图书在版编目（CIP）数据

青少年短跑项目训练指导手册 / 中国田径协会编
. -- 北京 : 人民体育出版社, 2023（2025.6重印）
ISBN 978-7-5009-6288-5

Ⅰ. ①青… Ⅱ. ①中… Ⅲ. ①青少年－短跑－运动训练－手册 Ⅳ. ①G822.12-62

中国国家版本馆CIP数据核字(2023)第047029号

青少年短跑项目训练指导手册

中国田径协会　编
出版发行：人民体育出版社
印　　装：北京盛通印刷股份有限公司

开 本：710 × 1000　16 开本　　印 张：12　　字 数：211 千字
版 次：2023 年 8 月第 1 版　　印 次：2025 年 6 月第 3 次印刷
书 号：ISBN 978-7-5009-6288-5
定 价：60.00元

联系电话：（010）67151482
社　　址：北京市东城区体育馆路 8 号（100061）
网　　址：https://books.sports.cn/

曾是中国短跑人

写在《青少年短跑项目训练指导手册》出版前夕

进入21世纪，中国短跑人卧薪尝胆，厚积薄发。2021年8月1日，苏炳添在东京奥运会男子100米半决赛中以9.83秒刷新亚洲纪录，此战绩列男子百米单项年度世界排名第四；中国男子4×100米接力获得北京世界田径锦标赛银牌及东京奥运会铜牌……中国短跑取得了令世界体坛刮目相看的进步和成就。

如何将短跑项目的优势继续保持和提升，青训和教练员水平的提高是承前启后、继往开来的关键环节。我曾数次为中国青少年教练员做讲座，为中国青少年短跑训练营教练员授课，带孩子们训练。多少次被年轻教练员们如饥似渴的求学目光所感动，被孩子们倔强的训练精神所震撼。我深知一名短跑运动员的成长需要经历多年系统的科学训练才能取得专项运动成绩的进步，其中青少年训练阶段尤为重要，这是通向竞技体育最高殿堂的基石。缺乏科学正确的基础训练，错误的技术路径都会给运动员带来伤病的困扰、运动成绩瓶颈的迷茫，甚至是运动生涯的中断和夭折。

我一直有个心愿，即将我多年以来从事运动训练学研究和教学的理论，与短跑运动训练的实践经验相结合，编写成一本通俗易懂、简单实用的青少年短跑训练手册，奉献给工作在中国基层的广大青年教练员和学校老师。此次中国田径协会推出《田径青少年训练指导丛书》，将短跑项目的主编和撰写工作交由我，从承担任务的那天起，我就深感肩上责任重大。希望我们总结国际运动训练学的研究成果，结合中国短跑水平崛起的训练经验和启示能够为中国教练员和老师带来指导性的帮助和支持。

本书的第一、二章阐述了当前中国青少年运动训练的主要问题和误区、青少年短跑运动员的生长发育规律和训练模型，以及不同年龄段青少年短跑运动员重点发展的身体素质和功能。第三至七章论述了现代优秀短跑运动员的关键技术特征，以及影响短跑专项运动成绩的主要身体素质和训练方法。第八章介绍了接力跑的训练理念和方法。第九、十章介绍了传统和现代运动训练周期理论在青少年短跑训练中的应用和常见身体功能的训练组合。我们期望本书对青少年短跑运动规律和特征深入浅出的解析、理论和科学化训练的指导、文图并茂的训练方法和现代短跑技术的展示能够赋予读者崭新的思考和实践检验。本书的编写过程中，编者们在坚持“实用性”的同时，力争内容的“前沿性”，即运用新的训练和专项技术分析的观点诠释专项运动规律和训练过程。当然，现代运动训练实践和理论发展日新月异，不断学习和探索是我们全体编者的共同心愿，我们期待着广大读者朋友的反馈意见和批评指正。

本书的编写组是由将多年乃至毕生精力都奉献给中国短跑理论和实践发展的教授、教练员和科研人员组成的。有同我一起带领中国男子短跑队南征北战、逐鹿中原的教练组搭档；有与我在体育大学同窗共读的同学；有我在清华大学的博士生团队；有曾经的中国男子短跑全国纪录创造者；有中国国家短跑队的主教练等。能够为中国短跑撰写一部文字性的经验总结是所有参编者的初衷。在此我向本书的所有编者和参与者表示崇高的敬意和衷心的感谢。自古江山代有才人出，各领风骚数百年。中国短跑荣誉接力棒的传承是我们全体编委的共同心愿。中国短跑事业的道路上因有我们的奉献而骄傲，更因新人的成长而自豪，因为我们曾是中国短跑人……

李　庆

2023 年初春于北京学清苑

目 录
CONTENTS

一、我国短跑项目发展现状及青少年训练中存在的问题

李　庆

（一）我国短跑项目发展现状

21世纪初期的第二个十年，中国短跑进入了一个崭新的发展阶段。2013年4月27日，北京运动员张培萌在全国田径大奖赛肇庆站以10.04秒大幅度地刷新了广东运动员苏炳添保持的10.16秒的中国男子百米纪录。同年8月11日，张培萌又在莫斯科世界田径锦标赛上跑出了10.00秒的成绩，在世界田径的顶级赛事上展现了中国男子短跑运动的水平。2015年5月31日，苏炳添在美国尤金国际田联钻石联赛上以9.99秒的成绩再次刷新了全国纪录。2018年6—7月，苏炳添在马德里和巴黎两度跑出9.91秒平亚洲纪录的好成绩。同年，谢震业也在法国蒙特勒伊赛上将自己的百米最好成绩提高到9.97秒。2019年，谢震业在国际田联钻石联赛伦敦站200米跑出19.88秒的亚洲新纪录。2021年8月1日，苏炳添在东京奥运会男子100米半决赛中以9.83秒刷新亚洲纪录，中国男子短跑运动员历史性地闯入奥运会男子百米决赛。国家体育总局田径运动管理中心“通过集体项目促进单项水平的提高”的指导方针是中国短跑坚持的发展方向。接力竞技水平的提高以单项水平为基础，接力队实力的上升吸引了更多短跑运动员参加竞争。2014年仁川亚运会，陈时伟、谢震业、苏炳添和张培萌组成的中国男子4×100米接力队以37.99秒的成绩战胜了老对手日本队，创造了新的亚洲纪录并获得亚运会冠军。2015年8月的北京田径世锦赛上，中国接力队（莫有雪、谢震业、苏炳添和张培萌）获得男子4×100米接力银牌，并在预赛中创造了37.92秒的亚洲新纪录，这是迄今为止中国短跑在世界顶级田径赛事上取得的最好战绩。2020年东京奥运会，中国男子接力队获得铜牌。这是中国短跑在世界竞技舞台的最高殿堂——奥运会中的最佳成绩。中国短跑近几年的成就标志着中国男子短跑的竞技水平已经走进世界水平的前列。图1–1和图1–2分别表明了中国男子短跑近10年来百米和4×100米接力的世界排名。2013年以来，张培萌、苏炳添和谢震业三人之间的激烈竞争带来了中国男短竞技水平的飞跃，以上三人成为中国男子4×100米接力队的中坚力量和核心成员。经过无数次共同训练和并肩作战，多次在国际顶级赛事上取得优异的成绩，充分体现了我国竞技体育综合战略的优势。中国男子短跑运动员之间的激烈竞争促使了项目竞技水平从量变到质变。

2010年以来，多位国际知名短跑教练员和专家到中国讲学，两个奥运周期大量的外教到中国执教，给我们带来了新的训练理念、新的周期安排，以及新的训练手段。

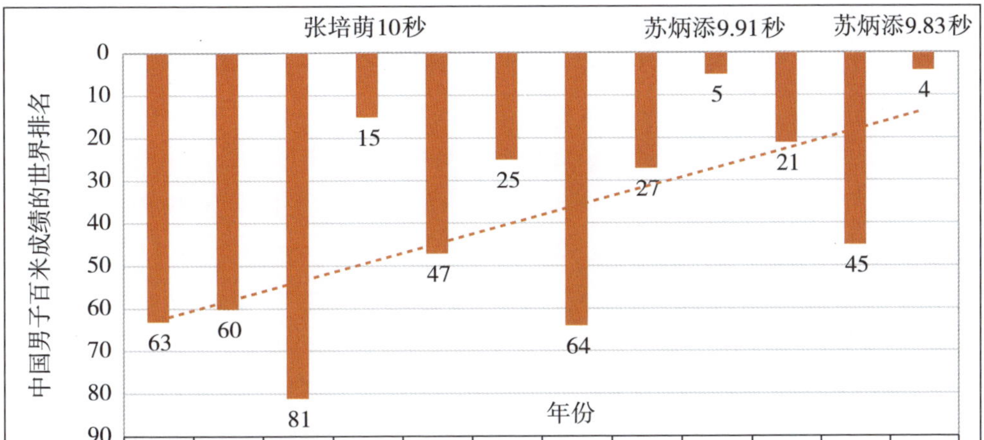

	2010	2011	2012	2013	2014	2015	2016	2017	2018	2019	2020	2021
百米排名	63	60	81	15	47	25	64	27	5	21	45	4

图 1-1　中国男子短跑 2010—2021 年百米成绩的世界排名

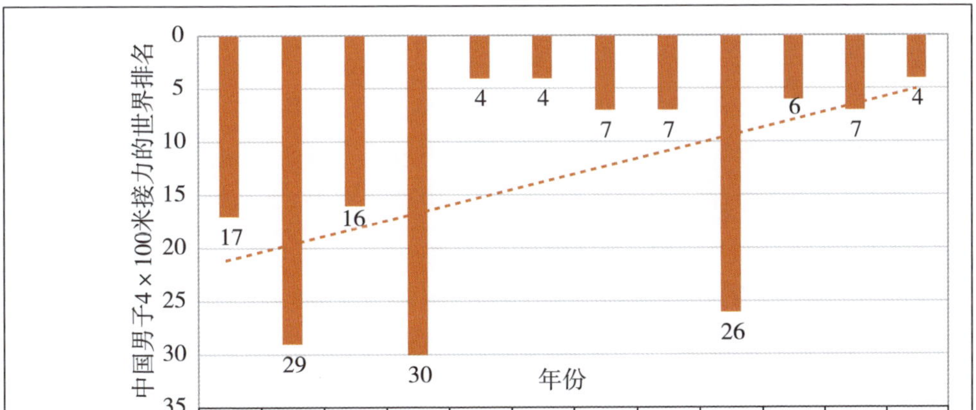

	2010	2011	2012	2013	2014	2015	2016	2017	2018	2019	2020	2021
4×100米接力排名	17	29	16	30	4	4	7	7	26	6	7	4

图 1-2　中国男子短跑 2010—2021 年 4×100 米接力的世界排名

近年来，中国短跑队多次赴美国、欧洲等地进行冬训、夏训和赛前直接准备期的集训。参加奥运会、世锦赛，以及国际田联钻石联赛等世界顶级赛事，开阔了我们的视野，为我们提供了与同世界超一流水平运动员同场竞技的平台，丰富了我们参加国际大赛的经验。

在中国男子短跑水平突飞猛进的带动下，中国女子短跑也涌现出一批高手。2018 年 7 月 1 日，广西名将韦永丽在瑞士日内瓦国际田径赛上创造了 10.99 秒的好成绩；福建后起之秀葛曼琪 2019 年创造了 11.04 秒的个人百米最好成绩；青奥会女子百米冠军、广东运动员梁小静也具备了跑进 11.10 秒的雄厚实力。中国男、女短跑水平呈现出积极向上的大好局面。今天的成就是中国一代代短跑人——运动员、教练员、科研人员多年来卧薪尝胆、科学训练、艰苦奋斗的结果。

中国近代思想家、政治家、教育家、史学家、文学家梁启超先生说：“少年强则国强。”一个运动项目竞技水平的崛起、提高和保持也是同样道理，离不开青少年运动训练的坚实基础、科学规划和完整训练体系的支撑。“少年短跑强，则中国短跑强”是我们编写本书的初心。青少年运动训练是高水平竞技体育生涯极为重要和关键的阶段。一名优秀运动员必须在这个阶段完成必要的素质积累和能量储备，才能循序渐进、厚积薄发地达到运动生涯的顶峰。

（二）我国当前青少年短跑训练中存在的主要问题

多年来中国青少年短跑训练仍然存在很多误区，训练任务、目标不明确，早期专项化的倾向严重……这些问题很大程度上阻碍了青少年短跑运动员进入高水平运动阶段前进的步伐。我们必须清楚地认识到：青少年运动员与高水平成年运动员在生长发育、生理机能、肌肉力量、身体功能、认知能力等方面有着相当大的差异。青少年运动训练与高水平运动训练也有着训练理念、方法、任务、目标的明显不同。任何揠苗助长、急功近利的训练都会造成青少年运动员的专项水平在相当一段时间内的瓶颈状态，甚至影响和危害青少年运动员的身心健康。早期专项化使得当前我国短跑青少年训练过度强调占主导地位的供能系统——围绕冲刺跑等无氧非乳酸训练，大强度、极限强度的训练比例过高。要求青少年短跑运动员必须对于专项中所运用到的各种技能模式进行模仿，且只涉及执行专项技术所需要的肌群。尽管专项训练的结果能够更快地适应训练并带来更大幅度专项成绩的表现和提升，但并不意味着教练员和运动员必须从早期就要开始专项训练。

在这种狭隘地看待青少年运动训练的视角中，训练的唯一目的就是迅速取得优异的成绩，而不考虑可能会对青少年运动员未来产生的影响。教练员让青少年运动员进行高度专项化和高强度的训练，而不是花时间让他们建立一个良好的基础，这如同在拙劣的地基上建造高楼，如此明显的施工问题显然会导致建筑物的坍塌。大强度的训练对于还处于生长发育期、肌肉力量还处于柔弱状态下的青少年运动员来说，会提高腿部肌肉，特别是大腿后群肌（股二头肌、半腱、半膜肌）拉伤的风险。另外，过多的强度训练会产生“速度障碍”的现象，使运动员跑的技术僵硬，节奏不流畅，严重地阻碍青少年运动员向高水平运动阶段发展的进程。早期专项化训练会使青少年的正常发展局限在一种运动项目上，并且导致以下几个方面的问题。

①单侧肌群和器官功能的发育受限，体内生化平衡紊乱。上下肢肌肉发展不平衡，协调性发展受到影响。这对高水平运动训练阶段的专项成绩提升会造成严重阻碍。

②专项训练占据总训练负荷大部分内容的结果是导致过度消耗、过度训练，甚至造成运动损伤。青少年运动员正是身体、骨骼肌肉、内脏器官生长发育的关键时期，任何过度的身体负荷和压力都可能使青少年运动员在短期内的专项成绩得到暂时的飞速提高，但之后会带来令人烦恼的“速度障碍”，进入漫长的发展“瓶颈期”。从长远战略格局的视角考量，早期揠苗助长的结果只会适得其反。

③早期专项化的训练模式使得训练强度过大，并且过多地参加比赛会使青少年运动员产生较高的身体特别是精神上的压力，对运动员的心理健康产生负面影响。

④长时间、大强度的专项训练会干扰青少年社会关系的发展，甚至会影响青少年运动员结交训练圈之外的社会上的朋友，造成其社交路径的闭环状态。

⑤早期专项化导致的训练内容单一，训练过程相对紧张、枯燥而缺乏乐趣，非常容易促使青少年运动员在生理和心理发育成熟之前就放弃短跑运动项目，从而使大量具有天赋的青少年短跑运动员没有发现自己的运动天赋就流失了。

对于青少年短跑运动员而言，在开始接受专项训练之前，要使自己的身体综合能力得到均衡的发展。因此，平衡地发展各种基础技能非常重要。例如，跑步、跳跃、投球、踢球、接球、滚翻，以及协调、平衡能力等。其中有些青少年运动员会在大量的体育活动中体验到胜利和成功，为了使自己的天赋得到进一步的发展，他们愿意并渴望进行专项训练，此时我们必须向他们提供必要的指导和机会。

众所周知，要成为一名世界级的运动员需要多年的训练积累，因此，一个充分的、基于科学原理的系统性长期训练规划是非常重要的，如图 1–3 所示。

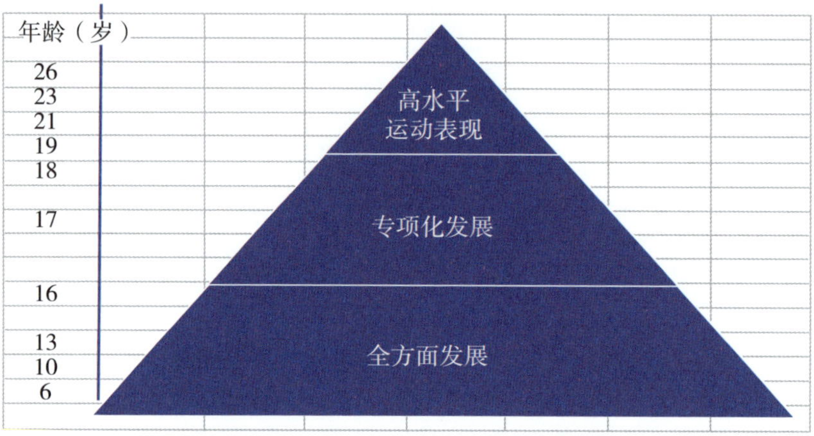

图 1–3　长期运动训练顺序模型（引自：Bompa T O,Buzzichelli.Periodization training for sports［M］. Champaign IL: Human Kinetics, 2015.）

青少年短跑运动员全方面的发展计划包括发展有氧能力的低强度练习，提升无氧能力、肌肉耐力、力量、速度、灵敏性、协调性及柔韧性的练习。在聚焦运动能力整体发展的同时，兼顾短跑运动专项技能与策略的全方位训练计划将在日后的发展阶段促成更加成功的运动表现。 现代竞技运动开展早，且体育科研水平较高的欧洲对于青少年早期专项化的结果曾经进行了较为长期和系统的研究。一项民主德国历时 14 年的跟踪研究将 9~14 岁的儿童分为两组：第一组执行的训练计划要在指定的运动项目中进行早期专项化训练，练习的内容和训练方法围绕运动项目的需求制订；第二组则按照一套综合性的全面发展计划进行训练，在涵盖一些专项性技能练习的同时，还融入了其他各种项目的技能性练习及全身性训练。如表 1–1 所示，这两组青少年运动员经过多年训练之后的训练效果有着明显的差异。

表 1–1　早期专项化与全方面发展训练效果比较

早期专项化训练	全方面发展训练
运动表现快速提升	运动表现提升较为缓慢
由于较快的适应性，竞技巅峰出现在 15~16 岁	竞技巅峰出现在 18 岁之后（身心发育成熟的年龄）

续表

早期专项化训练	全方面发展训练
无法在比赛中保持稳定的表现	能够在比赛中保持稳定的表现
很多运动员会过度消耗，在 18 岁时就退役	较长的运动生涯
由于被迫适应，容易出现运动损伤	较低的伤病发生率

一项苏联的长期跟踪研究结果得到了相同的结果。总结该研究的结论如下：

①大多数优秀的苏联运动员都拥有强大的全方面的运动能力基础。

②这些优秀的运动员大都从 7~8 岁时开始训练。在开始的几年中所有人都接触过各种各样的运动项目，有着非常好的、全面的身体素质能力和从事不同运动项目的适应性。

③专项化训练开始于 15~17 岁。在这个年龄段前不追求运动成绩和专项训练。运动员进行 5~8 年的专项训练后，获得个人的专项最好成绩。

④那些年龄很小就进行专项化训练的青少年运动员，的确能够在青少年阶段获得个人的最好成绩，但这种表现一旦进入成人阶段（超过 18 岁）就很难再有突破性的提高。很多青少年运动员在他们进入高水平运动训练阶段前就已经退出了竞技体育的舞台。在他们中间只有非常少的运动员还能够在成年阶段提升运动表现。

⑤很多苏联的顶尖运动员在青少年运动训练阶段没有获得过青少年冠军或者创造过全国纪录。然而，在成年后，很多人却拥有国家级乃至世界级的专项运动成绩。

⑥绝大多数运动项目开始专项化训练的年龄不应早于 15 岁。

多年以来，中国历年的全国少年和青年运动会的短跑冠军在进入成年高水平运动训练阶段都默默无闻、鲜为人知，很难成为中国短跑阶段性的领军人物。近年来，世界级优秀中国男子短跑运动员大都经历了 10~15 年系统的专项训练过程，如表 1–2 所示。

表 1–2　我国优秀男子短跑运动员达到自己最佳专项成绩的时间

姓名	出生年 / 获得个人最好成绩年	专项最好成绩	达到最好成绩年龄
苏炳添	1989 年 /2021 年	100 米：9.83 秒	31 岁
张培萌	1987 年 /2013 年	100 米：10.0 秒	26 岁
谢震业	1993 年 /2019 年	200 米：19.88 秒	26 岁

截至目前，我国青少年短跑训练系统仍然没有完整的训练框架、明确的训练理念、清晰的训练路径和合理的竞赛体系。U 字号的梯队建设不尽如人意，青少年短跑训练教练员的执教水平也有待提高。对青少年运动员身心造成极大伤害的兴奋剂现象仍然是干扰青训运动员选材、训练和比赛的严重问题。这与目前我国男短运动项目在世界竞技体育的位置不相匹配。众所周知，青训和教练员队伍是一个运动项目发展的核心组成部分，希望本书能够给青少年短跑训练工作者带来一些系统的训练理论和实践经验，这正是为本书辛勤笔耕的撰写专家和挑灯校对的编委们的初衷和憧憬。

二、青少年短跑运动员生长发育规律与训练特点

李　庆

此部分的主要任务是明确青少年运动员和高水平运动员在人体科学范围内的主要区别。在青少年时期，身体各运动能力的增长会因年龄、性别等因素的不同而表现出不同的生长发育规律，这就需要教练员根据青少年运动员生长发育的一般性规律来合理安排训练的内容。

（一）青少年生长发育一般规律及影响因素

1. 肌肉质量和力量

青少年肌肉质量随着体重的增加而稳定增加，但男性与女性在不同阶段呈现不同的增长特征。女性的肌肉质量增加比男性慢，女性的肌肉质量可占总体重的 30%~35%。这种肌肉增长速率的差异在很大程度上与青春发育期的激素分泌有关。男性和女性肌肉质量的增加主要来源于肌纤维体积的增加，与肌纤维数量的增加关系很小或没有关系。女性在 16~20 岁、男性在 18~25 岁时达到肌肉质量的高峰，通过运动或饮食影响也能够进一步增加。由于人体生长产生的力量增加也取决于神经的成熟，这是因为通常在性成熟前后出现的髓鞘化完成之前，神经肌肉的控制能力非常有限。女性通常在 20 岁左右时达到力量高峰，而男性是在 20~30 岁。伴随青春发育期激素分泌量的变化所造成的以上提及的肌肉质量增加，使青少年男性力量显著增加。另外，相对于青春发育期后体重的变化，女性经历了更具渐进性的力量增加，而没有表现出任何显著的力量增加。

多年研究证明，力量训练在青少年运动员身体和情绪方面扮演着重要角色。力量训练能够带来诸多益处，如提高骨密度，提高自信心、力量、爆发力和速度，同时还可以增加瘦体重。这些能力的提高无疑成为青少年参加体育运动的巨大动力。同时力量训练的意义更重要的是可以减少运动损伤的概率。儿童进行力量训练的年龄可以从 7~8 岁开始，但训练应保证最小的强度，并且要注意全面发展。自身负重练习（自重练习）应该成为力量训练的基础练习。

2. 灵敏、协调、平衡、速度的发展

随着青少年的成长和神经系统的发育，他们表现出更好的平衡性、灵敏性和协调性。髓鞘化过程必须完成才能做出快速反应性动作和技能性动作。最快的短

跑运动员会使用双臂来把他们向前拉。双臂相向运动，上臂（肱骨）用力前摆。随着技能的提高，双臂开始能够相向摆动，但这个动作常常是由躯干扭转产生的，而不能有意识地做出上臂连续摆动动作。跑的动作看似十分简单，但能做到上下肢协调配合并不容易。单位时间里动作频率的快慢与协调性密切相关。

早期训练阶段（11~14 岁）的主要目标是掌握一些简单的协调性、灵活性技能，可以进行一些与速度有关的游戏和比赛，如假设场景让孩子们相互追逐跑等。当孩子们逐渐适应并且能够在训练和比赛中重复这些协调性、灵敏性技能时，他们的运动能力将随之提升。灵敏性的提升主要来自神经－肌肉系统间的协调配合。提高肌肉间的协调能力是发展灵敏性的重要方法。在早期训练阶段，重复灵敏性练习至关重要。在青少年时期，由于步长的加大带来了跑速的加快。随着青少年腿部的生长使其动作模式更加有效，结果是步长加大。随着青少年的发育，他们的步长更长，身体在腾空阶段保持的时间也更长。当青少年体验到在游戏和比赛中由于速度的提升能够使他们在剧情中扮演的角色获得丰盛的利益，从而使他们参加运动训练的动机和信心大增。13~16 岁是发展动作频率的敏感期，这个阶段正是青少年运动员身体发育的承上启下时期，随着身体的自然增长和运动训练带来的肌肉力量提高，运动能力也比儿童训练时期有了全新的变化，在进入高水平运动训练时期，即力量和其他身体素质相对稳定前，优先发展动作速度是这个时期的重要训练任务。

3. 心血管、呼吸功能的发展

像呼吸和心血管功能一样，伴随着持续的身体发育，有氧能力也得到提高。男性最大吸氧量（VO_2max）在 17~21 岁达到峰值，女性在 12~15 岁达到峰值。儿童较低的最大吸氧量值限制了耐力成绩。青春期前，男性比发育同期的女性平均耐力更好，因为该时期男性的最大摄氧量比女性高 10%~15%。另外，最大摄氧量与瘦体重、肌肉系统，以及身体脂肪的含量密切相关。一般而言，男性在耐力活动的表现方面比女性高 10%~20%。但在进入青春期前，男性和女性的最大摄氧量和耐力表现都会因参加运动训练，以及肺部、心脏和肌肉系统体积的增加而提升。与成年人相比，儿童的血红蛋白浓度较低。血红蛋白是血液中能够将氧气输送到运动中肌肉的部分（如心脏和腿部）。因此，儿童与成年人相比，每个单位的血液所输送的氧气更少，这意味着儿童的工作能力低于成年人。有研究指出，血液中的血红蛋白在青春发育期不会增加，而且，女性的增加程度小于男性。

4. 身体素质发展敏感期

青少年运动员在18岁前，动作能力普遍得到提高。然而，女性在青春发育期前后动作能力趋于进入高原状态。这种高原状态也许是由于雌激素水平的提高造成的，雌激素促进脂肪更多沉积和肌肉质量减少。意识到年龄范围对于特定身体运动能力因素发展的敏感性，有助于取得最佳训练结果。根据建立起的10~18岁的男性和女性发展力量、爆发力和速度能力的各个最适宜阶段的研究，得出以下结论：男性发展静力力量的敏感期出现在13~16岁，在14~15岁时出现最大限度的增长（23.4%）；女性最为敏感的时期出现在11~13岁，力量呈现出最大限度的增长（39.7%）。男性发展腿部爆发力最为敏感的时期出现在12~17岁，在13~16岁记录到最佳结果；女性发展腿部爆发力最为敏感的时期出现在10~12岁，在这期间，立定跳远提高幅度占7年中提高总量的81.8%，垂直上跳提高幅度占7年中提高总量的77.2%。男性上肢爆发力发展的最敏感时期出现在13~17岁，而在女性中记录到的最佳结果处于10~13岁。男性跑速发展的最敏感时期处于12~17岁，而在女性中记录到的最佳结果为10~13岁。

如上所述，儿童对于大负荷身体运动所做出身体反应的许多方面与成年人不同，他们的身体条件不能很好地承担那些显著依赖乳酸系统的训练。因此，在儿童达到生长高峰期之后，才能进行乳酸系统的训练。与之相似，儿童也能对肌肉耐力训练做出反应，但在青春发育期完成之前，应该避免采用大重量的力量训练。

根据前人的观点，比赛成绩获得长期发展的基础，是运动员建立在基本一般力量、灵活性和耐力之上的良好技术模式。这就是在训练年轻运动员（女性8~15岁，男性8~17岁）时，发展良好技术模式处于优先地位的原因。对于8~11岁女性和8~13岁男性的训练内容是使他们体验多样化技术，随后进行一个时期的、稳定的各种专门化技术训练。这就暗示着在运动员培养的这个关口，取得比赛的成功并不处于优先地位。

一般来说，发展身体各种运动能力的敏感期，男性集中于12~17岁，而女性集中于10~13岁。一项来自德国的研究报告给出了儿童青少年在不同年龄段应该发展的身体素质（表2–1）。

表 2-1　儿童青少年不同年龄阶段应发展的身体素质

素质	5~8 岁	8~10 岁	10~12 岁	12~14 岁	14~16 岁	16~18 岁	18~20 岁
最大力量				+♀	+♂，++♀	++♂，Δ♀	Δ♂♀
快速力量			+♀♂	+♂，++♀	++♂，Δ♀	Δ♂♀	
力量耐力				+♀	+♂，++♀	++♂，Δ♀	Δ♂♀
有氧耐力		+♀♂	+♀♂	++♀♂	++♀♂	Δ♂♀	
无氧耐力				+♀	+♂，++♀	++♂，Δ♀	Δ♂♀
反应能力		+♀♂	+♀♂	++♀♂	++♀♂	Δ♂♀	
单周期最大快速能力			+♀♂	+♂，++♀	++♀♂	Δ♂♀	
多周期最大快速能力			+♀♂	+♂，++♀	++♀♂	Δ♂♀	
灵活性	++♀♂	++♀♂	++♀♂	Δ♂♀			

注："+" 表示小心开始（1~2 次 / 周）；"++" 表示增强训练（2~5 次 / 周）；"Δ" 表示高水平训练；"♂" 表示男；"♀" 表示女。

如表 2-1 所示，青少年运动员的身体素质在不同年龄段开始训练的时间不尽相同，这是由青少年儿童生长发育时期的特点和规律所决定的。秉承正确的训练原则，将儿童和青少年的训练系统地划分成不同阶段，并且清晰明确地设定训练目标才有可能培养出健康、优秀的运动员。儿童青少年发育、成长的速率是不相同的。儿童的骨骼、肌肉、器官，以及神经系统的成长速度在不同阶段具有很大的差异性，这些发育特征在很大程度上反映了青少年的生理和运动表现能力。因此，一项训练计划必须考虑个体的差异性及其潜在的可训练性。处于同样年龄段的青少年运动员之间的身体能力会出现非常大的差异性，这种发育早和发育晚的差异会相差 2 岁。这意味着孩子们虽然出生年龄一样，例如同是 14 岁的运动员，有些仅具备 12 岁的身体能力，而有些可能已经具有 16 岁运动员的运动潜力。因此，训练过程中的因人而异、区别对待原则尤为重要。既要适当地提高那些发育早的运动员的训练负荷和难度，又要避免发育晚的运动员因为身体能力的不足导致训练压力过大的情况发生。另外，特别要注意那些因为发育晚，好像在同龄的孩子中运动能力并不出众的青少年运动员，往往他们中的一部分人在晚些年的后续训练中彰显出巨大的潜力，厚积薄发，后发先至。在当今的世界竞技体育范围内，国内外这样的成功范例比比皆是。教练员对青少年运动员在成长过程中的鼓励和支持非常重要，不能因为青少年运动员某个年龄阶段运动能力的低迷而放弃对他们的培养。

（二）青少年短跑运动员身体素质发展规律与运动训练

青少年短跑的运动技能发展从生命的早期阶段就已经开始了，在运动启蒙阶段（6~10岁）变得更加明显，在运动能力形成阶段（11~14岁）得到加强，在专项化阶段（15~18岁）达到熟练掌握，直至进入高水平运动表现阶段。运动技能的改善将促进身体的高度协调性、肌肉力量、有氧耐力、柔韧性和速度的发展。不同年龄阶段的短跑运动员应有不同的训练重点和训练任务。不同的年龄阶段组成了多年运动训练的框架结构，其基本训练方针和原则是“先易后难，循序渐进；因人而异，从量变到质变”。

1. 运动启蒙阶段（6~10岁）

在运动启蒙阶段，儿童应参加低强度的训练，训练内容应以追逐跑、接力跑，以及简单的球类活动等为主。主要强调训练的乐趣，从而激发儿童参加运动训练的动力。通过参与游戏、比赛和接力活动，儿童将学会并掌握手臂和腿部的协调配合及快速移动，学会用前脚掌奔跑等技能，儿童的动作时间也能够在上述移动练习中获得提升，他们还能够学会在接收到信号指令或者在游戏的场景中快速移动身体的各个部位。到了这个阶段的后期，男性和女性都将出现快速发展。速度获得在很大程度上来自对短跑技能的学习以及更加出色的肌肉协调性。在这个阶段的速度发展主要是在游戏和比赛中提升神经系统适应性的结果。随着运动经验的不断积累，神经系统可以最为有效地支配肢体的各种动作。儿童会逐渐具备在一定距离范围内快速移动、变向及更加快速地做出反应的能力。当儿童自身的速度能力得到认可时，他们会非常喜欢参与那些对速度具有很高要求的身体活动，包括以追逐为主的游戏和比拼速度的接力比赛。速度练习的多样性非常重要，它有助于持续积累动作经验。与此同时，我们在这个训练阶段不能忽视上肢、核心部位，以及全身能力的平衡发展。通过网球、棒球和轻重量的实心球进行简单的单、双臂投掷练习，对于发展全身的运动能力，特别是协调性有着重要的意义。

这一阶段训练时间和跑动练习的距离不宜过长，不能让儿童在练习中经历身体和感觉上的不适。儿童进行高速跑的时间不应超过4~6秒，因为更长距离的高速跑需要专门的训练才能进行。如果在组间练习中能够让儿童休息2~3分钟，他们将更有兴趣重复同样的练习动作，但当他们经历了不适甚至疼痛时，他们就不会在训练中感受到快乐。此阶段的速度训练模型如表2-2所示。

表 2–2　运动启蒙阶段（6~10 岁）儿童速度训练模型

训练的形式	活动时间（距离）	重复次数	间歇时间
游戏	20~30 分钟	1~2 次	—
接力	10~15 米	3~5 次	2~3 分钟
速度训练	10~50 米	4~6 次	3~4 分钟
转身、变向、制动及启动模式的速度训练	10~15 米	4~8 次	2~3 分钟

（引自：Bompa T O, Carrera M. Conditioning Young Athletes［M］. Champaign IL: Human Kinetics, 2015.）

对于青春期前的儿童，游戏和比赛时间不应超过 30 分钟。特别注意不能在这一阶段采用与成年运动员相同的比赛时长。因为儿童的耐力和体能不足以支撑一场 90 分钟的上下半场足球赛或 4 节 80 分钟的强力篮球对抗赛。精疲力竭的他们很难继续专注于接下来的训练和比赛。理想的状态应是让儿童在略显疲劳的同时仍然保持着对下一次比赛的憧憬。

因为在这一阶段，儿童的骨骼、关节、肌肉和身体都处于生长发展的初期，教练员要尽量为他们选择更加柔软的训练场地（如地板、草地、土地、沙滩、塑胶跑道等），以减轻对关节的负荷和冲击，提高平衡能力。通过对地面反作用力的缓冲，让肌群达到完全的收缩，同时运动平面物理状态的变化也可以增加训练的多样性。

运动启蒙阶段训练的核心和关键词：协调性；全面身体素质能力。

2. 运动能力形成阶段（11~14 岁）

我们认为，在选材和短跑训练的初级阶段，即 11~14 岁这个年龄阶段的运动员不应进行短跑的专项训练，还是要以全面身体训练为主，通过短跑的基础训练培养有才能的运动员对短跑运动的兴趣，帮助他们改进在启蒙阶段学到的基本动作技能，保持并且提高协调性、灵活性和平衡能力。同时，在此基础上学习一些更为复杂的运动技能。在 11~14 岁这个年龄阶段，学习和掌握正确的跑步技术是训练的重要目标和任务，一个正确、经济、流畅、自然的跑步技术动作对于今后成为优秀的短跑运动员来说尤为重要。必须强调的是，肌肉工作的程序具有强烈的记忆特征，经过多年训练习惯的跑步动作和技术模式会在运动员的记忆中烙下深深的印记。同理，错误、僵硬、费力、实效性差的跑步技术想在今后的训练中加以纠正和改进是非常困难的。一个正确的快速跑技术包括以下四点。①优质的摆臂技术。手臂自如地前后摆动，上摆时应达到面部高度。②腿部频率应该随着摆臂速率的提高而增加。因腿部的动作频率会受到摆臂的速度和频率的影响，两者必须保持协调同步。③摆动腿的大腿达到与地面平行的高度之后，脚部向前快速下压，在脚和地面接触的瞬间完成积极的“扒地动作”。④当身体向前移动时，另一侧腿向前摆动。在运动员进行速度练习时，教练员应该注意观察他们是否保持着正确的快速跑的姿态，即肩部保持放松下沉，双臂前后同步摆动，膝部高抬；上身保持竖直，双眼直视前方；双脚快速触地。在一个快速跑步周期中应分为以下四个阶段。

①蹬伸离地阶段。支撑腿的髋关节、膝关节、踝关节快速伸展，腿部用力蹬离地面，推动躯干快速向前位移。

②折叠前摆阶段。摆动腿离地后向前摆动至大腿与地面平行。手臂沿身体两侧摆动，身体基准的前侧臂上摆至肩部高度（肘关节微屈成 90°）。

③下落着地阶段。摆动腿积极下落触地，迅速置于身体正下方。

④支撑缓冲阶段。支撑腿的脚部着地支撑身体，摆动腿的脚跟快速摆至臀部，同时手臂迅速前摆。

11~14 岁这个年龄阶段需要让运动员参与发展一般力量的练习，为日后的力量训练奠定扎实的基础。力量是速度发展提升的重要因素之一，此阶段应着重发展身体的核心部位，特别是髋关节、腰背部、腹部，以及四肢的肌群，但大部分练习应该以克服自身负重或轻器械练习为主。

在这个年龄阶段，运动员的心肺功能将继续发育，对乳酸的耐受能力逐渐加强。因此提高有氧能力，打好坚实的耐力基础能够使运动员在专项化阶段更加有效地应对训练和比赛的要求。众所周知，经常参加耐力活动的人具有更加有力的心脏、更低的心率和血压。研究证明，中等强度的耐力训练可以改善心率、平均血压，并调节其心脏健康指数。表 2-1 明确指出：有氧训练在 8~12 岁时开始，在 12~14 岁时进入增强训练的过程。运动员的器官和系统对于有氧训练的适应可以增加血红细胞输送氧气到肌肉中的含量。糖原和脂肪酸只有在氧气大量存在的情况下才会分解产生运动所必需的能量。在运动员训练的过程中，能量利用更加高效，运动表现自然会获得提升。运动训练学的知识告诉我们，大部分运动项目中，运动员如果不能维持良好的有氧能力，即耐力训练水平，会导致心血管机能下降，健康水平降低，伤病风险增加。良好的有氧能力对于保证健康正常的训练状态有着特殊的意义。对于这个阶段的短跑训练来说，有氧能力的保持和提升意味着在下一个年龄段的运动训练，乃至高水平运动训练阶段承担更大的运动量、更高的运动强度和更短的训练间歇。本训练阶段，运动员不应参加那些对无氧乳酸供能系统提出过多要求的比赛项目，如田径项目中的200米和400米。他们通常更适合短于80米的冲刺跑以及在较低的速度下进行长距离的耐力跑（800米以上的长跑距离）。前者主要动用的是磷酸肌酸供能系统，而后者则主要针对有氧能力的训练。这个年龄段的有氧训练不应只拘泥于场地长距离跑，树林、湖旁、河边、山间都能成为越野跑的场所，游泳、自行车、越野滑雪等都能成为有氧训练的手段。让孩子们拥抱大自然，能够增加训练的乐趣。耐力训练的另一个重要意义在于在训练中培养孩子们吃苦耐劳的精神，锻炼其意志品质，陶冶其个人品格。

在此年龄段可以采用接力练习的方式来发展青春期儿童的速度能力。练习距离和时间都要长于青春期前的训练。此阶段的速度训练模型如表2–3所示。

表2–3　运动能力形成阶段（11~14岁）速度训练模型

训练的形式	活动距离	重复次数	间歇时间
接力	10~30米	4~6次	2~3分钟
速度训练（含启动）	20~50米	5~8次	4~5分钟
转身、变向、制动及启动练习的速度训练	5~25米	5~10次	2~3分钟

（引自：Bompa T O, Carrera M. Conditioning Young Athletes［M］. Champaign IL: Human Kinetics, 2015.）

运动能力形成阶段运动训练的关键词：正确的高速跑技术；有氧训练。

3. 专项化训练阶段（15~19岁）

在专项化训练阶段，运动员能够承受比前两个阶段更多的训练和比赛要求。训练过程中最为重要的变化将发生在这个阶段。经过青春期前和青春期系统训练的青少年运动员，从现在开始将完成更多以专项为主的练习和训练。通过增加专项练习的训练量，以提升运动表现。身体必须适应专项练习负荷的增加，为随之而来的更多和更密集的比赛做好有效的准备，从而实现在短跑项目中的高水平运动表现。这个阶段青少年短跑运动员在全面训练的基础上，逐渐增加短跑专项训练次数，周训练课次一般为4~5次。开始提升专项素质，协调地发展运动员上下肢肌肉力量。特别要强调对完成短跑技术动作的主要肌群进行针对性训练。运动员的力量训练可以从较少次数但较大强度的练习开始，但应当避免最大力量练习。同时应该要求运动员相同练习应少于 4 次重复，避免肌肉的维度过于肥大，处于生长发育中的青少年短跑运动员尤其需要注意。大部分速度训练都具有动态特征，要求高强度下对神经系统的持续刺激。短跑运动训练需要以更高的腿部动作频率和更快的速度完成跑动。因此，本年龄段要着重注意发展运动员双腿、双臂的动作频率，避免错过运动员提高动作频率的最佳发展时期（13~16 岁）。在快速跑中体会协调和放松的技术，逐渐形成正确的短跑技术。让运动员学会在以主动肌收缩执行动作的同时，放松拮抗肌，以及两者的协调配合工作。在训练中可以通过较低速度的重复性练习让运动员专注于拮抗肌的放松，然后逐渐增加动作速度，直至能够以最大的速度完成相同的重复次数。帮助运动员流畅、自然、经济、协调地完成各种技能练习和动作，通过训练和比赛提高心理的适应能力。在这一阶段，主要的训练任务是：

①提高快速跑能力，形成正确的短跑技术风格（技术纠正），体会短跑运动的放松状态；

②全面增加身体肌肉的负荷和训练；

③开启初期的力量训练模式，同时加强腿部后群肌肉和韧带的柔韧性和力量训练；

④保持和提高有氧能力；

⑤继续发展协调能力，提高四肢运动单位时间里的动作频率；

⑥逐步增加无氧训练的量和强度，逐渐适应乳酸的堆积；

⑦通过比赛提高技术和心理水平。

短跑运动员专项训练的发展阶段（17~19 岁），可根据运动员本身的特点划分为短跑（100 米、200 米）和长短跑（400 米）两类。训练课次增加至 5 ~ 6 次 / 周。通过训练主要提高短距离能力和加速能力，实现因人而异的理想技术。训练课的时间、密度、数量和质量也应系统地提高。这个阶段的青少年短跑运动员通过不同级别的比赛要丰富自己的参赛经验，体会高水平竞技的感觉。他们中间的优秀者将有资格参加省、市级青少年田径运动会，全国青年田径锦标赛，亚洲青年田径锦标赛，甚至世界青年田径锦标赛。在这一阶段，专项训练的主要任务有：

①蹲踞式起跑后加速度的提高；

②达到尽量高的最大速度，达到最大速度的区域尽量长；

③达到最大速度后的速度下降尽可能地少、慢；

④正确地学习和掌握弯道跑技术。

这一阶段训练的重点是在加速和最大速度阶段中速度曲线的提高。在这个训练阶段之后，女性的最大速度可从 8 米 / 秒提高到 9~10 米 / 秒，而男性的最大速度可提高到 10~11 米 / 秒。这个阶段运动成绩的提高主要通过三个途径：①快速能力的提高；②纠正错误动作，形成正确的技术；③训练后表现出的低乳酸能力。

这个阶段的训练要使青少年运动员有一个自然增长的过程，有些短跑专项训练的手段，如负重跑、牵引跑及力量训练中的大重量负荷等都不要运用。早期专项化和过度训练将会导致下一阶段训练的成绩停滞。在这个训练阶段，技术训练的经济性非常重要，短跑专项成绩的停滞不前主要问题是技术上的缺陷，因此，定期的技术评估是必不可少的。更多的、复杂的生物力学分析可能为时过早，但一些简单实用的运动学测试和分析是非常必要的，如分段成绩、分段速度、全程步数、步长和步频、着地和腾空时间等。步长和步频更多的是因人而异，是根据个人条件的自然现象。步频的提高主要是良好的协调能力和快速能力的增长，而步长则是短跑专项力量起主要作用。在这个阶段，发展步频能力应优先于发展步长。接力训练和比赛是青少年运动员发展速度能力的有效手段。对于提高青少年运动员的团队凝聚力，加强合作精神和责任担当意识都有非常重要的意义。此阶段的运动训练模型如表 2–4 所示。

表 2–4　专项化训练阶段（15~19 岁）速度训练模型

训练的形式	运动时间和强度	重复次数	间歇时间	每周速度训练次数
快速启动训练	10~30 米	6~10 次	3~4 分钟	1~2 次
最大速度训练	20~60 米	4~8 次	3~4 分钟	2 次
速度耐力训练	60~120 米	3~6 次	4~5 分钟	1~2 次
加速训练	10~30 米	4~6 次	2 分钟	2~3 次
减速训练	10~20 米	4~6 次	2 分钟	2 次
制动与启动训练	10~20 米	4~8 次	2 分钟	2~3 次
变向的加速训练	10~30 米	4~8 次	2 分钟	2~3 次
动态训练（跳、投）	每组 5~10 次	2~4 组	1~2 分钟	2~4 次

（引自：Bompa T O, Carrera M. Conditioning Young Athletes［M］. Champaign IL: Human Kinetics, 2015.）

专项训练阶段运动训练的关键词：单位时间里的动作频率；力量训练；强度训练；接力比赛。

经过系统合理的训练，短跑运动员进入 20 岁之后，逐渐步入高水平运动训练阶段，并且不断地提高自己的专项成绩，继而达到本人运动生涯的顶峰。

想要保证从青春期前至青春期后阶段的科学合理的青少年短跑训练过程，需要一个长期的发展模型。运动员和教练员可以参照表 2-5，按照青少年短跑运动员从运动启蒙阶段、运动能力形成阶段和专项化训练阶段三个不同年龄段的生长发育特点、影响短跑运动的主要身体素质和功能，以及训练发展提高的主要任务循序渐进、按部就班地持续发展。

表 2-5　青少年短跑运动员不同年龄段的生长发育特点

田径短跑项目			运动员年龄			
			6~10 岁	11~14 岁	15~19 岁	20 岁以后
训练阶段			启蒙阶段	运动能力形成	专项化训练阶段	高水平运动表现阶段
技能习得	技术		基本动作技能	技能自动化	完善技能	
训练	协调性		简单	复杂	完善	
	柔韧性		全身		专项	保持
	灵敏性				保持	
	速度	直线速度				
		反应	起跑		完善	
	力量	解剖适应				
		功能				
		最大				
	耐力	一般				
		无氧				
比赛	趣味赛					
	地区赛					
	州 / 省赛					
	国家赛					
	国际、职业					

（引自：Bompa T O, Carrera M. Conditioning Young Athletes [M]. Champaign IL: Human Kinetics, 2015.）

表 2–6 为中国田径协会对于不同年龄组青少年短跑运动员基础身体形态、四肢长度、跳跃能力、身体力量能力和速度专项测试的评估标准。

表 2–6 2021—2024 年度田径奥林匹克高水平单项训练基地后备人才评估标准——短跑项目

年龄	等级	身高（厘米）		大腿长 /（小腿长 + 足高）×100		下肢长 B/ 身高 ×100		身体素质测试：30 米站立式起跑（秒）		60 米站立式起跑（秒）		立定跳远（米）		立定三级跳远（米）		助跑十级跳（米）		后抛实心球（2 千克）（米）		后抛铅球（4 千克）（米）		前抛铅球（4 千克）（米）		专项测试：100 米（秒）（电计）		200 米（秒）（电计）		150 米（秒）（手计）		300 米（秒）（手计）		400 米（秒）（电计）		骨龄	综合评价
		男子	女子	男子	女子	男子	女子	男子	女子	男子	女子	男子	女子	男子	女子	男子	女子	男子	女子	男子	女子	男子	女子	男子	女子	男子	女子	男子	女子	男子	女子	男子	女子		
12~13 岁组	优	160~166	155~163	≤ 95	≤ 96	≥ 51	≥ 51	4.30	4.50	8.00	9.00	2.20	1.80	6.60	5.60			7.50	6.50					13.00	14.00									≤ 1 岁	
	良							4.50	4.70	8.50	9.50	2.10	1.70	6.30	5.20			7.20	6.20					13.80	14.70									1.1~1.5 岁	
	及格							4.70	4.90	9.00	10.00	2.00	1.60	6.00	4.90			6.50	6.00					14.50	15.20									> 1.5 岁	
14~15 岁组	优	165~173	160~166	≤ 95	≤ 95	≥ 51	≥ 51.5	3.80	4.10	6.80	7.60	2.70	2.40	8.20	7.20					11.00	8.00	10.00	7.00	11.60	12.80	23.40	26.00	17.30	18.90	37.00	41.50	54.00	1.03.00	≤ 1 岁	
	良							3.90	4.30	7.00	7.80	2.60	2.30	7.90	6.80					10.00	7.00	9.00	6.00	11.80	13.05	23.80	26.50	17.70	19.20	38.00	43.00	56.00	1.05.00	1.1~1.5 岁	
	及格							4.10	4.40	7.30	8.10	2.40	2.10	7.40	6.40					9.00	6.00	8.00	5.00	12.20	13.40	24.00	27.20	18.20	19.60	39.60	45.00	58.00	1.08.00	> 1.5 岁	
16~17 岁组	优	170~181	163~175	≤ 95	≤ 95	≥ 51.5	≥ 51.5	3.60	3.90	6.50	7.30	2.95	2.65	9.10	7.80	32.00	28.00			15.00	11.00	14.00	10.00	10.90	12.40	21.90	25.35	16.40	18.20	35.70	39.70	49.85	58.05	/	
	良							3.80	4.10	6.70	7.50	2.80	2.50	8.80	7.50	29.00	25.00			13.00	9.00	13.00	8.00	11.20	12.65	22.40	26.20	16.70	18.70	36.50	41.50	50.50	59.15	/	
	及格							3.90	4.20	6.90	7.80	2.60	2.30	8.20	7.10	27.00	24.00			11.00	8.00	12.00	7.00	11.60	12.95	23.10	27.35	17.20	19.30	37.20	43.00	52.00	1.02.00	/	
使用说明	1. 速度项目测试采用电动或手计时；2. 跳跃测试类项目丈量实际跳跃远度（落点按照规则要求）；3. 后抛项目时球出手后可后撤步，如球出手前后撤步不计成绩；4. 综合评价由专家针对苗子的基本技术的经济性、实效性和稳定性进行评估，并结合苗子的整体状况给予评定，可分为优、良、中、及格、差五个等级；5. 尽管评分标准上没有体重指标，建议记录苗子的体重数据。																																				

注：本表依据 2013 年版大纲中的项目评定标准制定。

三、现代优秀短跑运动员关键技术特征

姜自立

讨论短跑技术和技术训练，首先要弄清楚什么是好的技术。就内在能量而言，好的技术就是能够将生物能最大化地转化为机械能的技术；就外在视觉而言，好的技术就是动作简单、流畅、向前、舒展、美观的技术。世界上不存在所谓的完美技术，只存在相对合理的技术。短跑的奥运项目包括 100 米跑、200 米跑、400 米跑、4×100 米接力跑等，不同的项目具有不同的技术特点和技术要求。其中，100 米项目的技术特点最具有代表性，掌握好了 100 米项目的技术特点，其他几个短跑项目的技术特点也就融会贯通了。

（一）100 米比赛的阶段划分

在短跑训练实践中，多数教练员习惯根据运动员在 100 米比赛不同段落的运动学特征及下肢主要肌群参与收缩的特征将 100 米运动分为起跑、加速跑和途中跑三个不同的专项阶段。其中，起跑阶段一般为双脚蹬离起跑器的阶段，即前 2 步（0~2 米），该阶段运动员身体 45° 前倾，触地时间约为 300 毫秒，运动员有非常充足的时间发挥髋部伸肌（臀大肌、大收肌、股二头肌长头、半腱肌、半膜肌）、股四头肌和腓肠肌的力量来完成蹬伸动作。因此，该阶段的运动表现主要取决于运动员髋部伸肌、股四头肌和腓肠肌以向心收缩为主要形式的最大力量。加速跑阶段一般为 100 米比赛的第 3~12 步或 2~20 米，该阶段运动员身体前倾，以蹬伸技术为主，触地时间为 120~200 毫秒，且后支撑时间明显大于总着地时间的 50%，运动员有足够的时间发挥髋部伸肌、股四头肌和腓肠肌的力量来完成蹬伸动作，因此，该阶段的运动表现主要取决于运动员髋部伸肌、股四头肌和腓肠肌以向心收缩为主要形式的最大力量。途中跑阶段一般为 100 米比赛的第 13 步至终点或 20~100 米，运动员的身体将会逐渐恢复正直，触地时间缩短为 80~100 毫秒，且前支撑时间大于总着地时间的 50%，运动员没有足够的时间来完成蹬伸动作，髋部伸肌和股四头肌参与收缩的比例下降，髋部屈肌（髂腰肌、股直肌、阔筋膜张肌）和股后肌群（腘绳肌）参与收缩的比例上升，因此，该阶段的运动表现主要取决于运动员股后肌群和比目鱼肌以拉长 – 缩短周期为主要收缩形式的反应力量。

（二）起跑阶段的主要技术特征

在短跑比赛中，起跑的主要目的是让运动员获得一个尽可能大的动作冲量和初速度，以使身体迅速摆脱静止状态。为了达到此目的，运动员在蹬离起跑器时必须产生足够大的垂直力量以克服地球引力的作用。同时，运动员也必须产生尽可能大的水平力量以推动身体向前位移。起跑阶段技术主要包括起跑器设置、各就位、预备姿势和蹬离起跑器四个技术环节，此部分重点介绍起跑器设置、预备姿势和蹬离起跑器三个环节的技术要点。

1. 起跑器的设置

（1）前后抵足板顺序的设置

一般而言，起跑器抵足板应按照“左前右后”的模式进行设置，而非按照个人习惯进行设置。因为在人体内，肢体主要受对侧大脑半球的控制，即右侧大脑控制左侧肢体，左侧大脑控制右侧肢体。由于右脑具有更强的空间和口令处理能力（对信号的察觉能力），而左脑则具有更强的执行肌肉力量的能力。因此，“左前右后”的蹲踞式起跑可以使运动员获得更快的反应速度和动作速度。艾肯伯里等人的研究表明，右脚在后比左脚在后的反应时间快 80 毫秒，动作时间快 104 毫秒。因此，当右脚在后时，运动员能得到近 80 毫秒的反应时间优势和 104 毫秒的动作时间优势。对近 5 届世界田径锦标赛男子 100 米决赛的视频进行分析后发现，约 93% 的运动员采用“左前右后”的蹲踞方式。

（2）前后抵足板距离的设置

设置前后抵足板的理想距离，目的是使运动员在预备时身体姿势处于最佳的发力姿势。一般而言，前抵足板距起跑器为 100%，后抵足板为 170%，即前抵足板距离 / 后抵足板距离 =58.8%。那么如何确定理想的抵足板距离呢？兰迪 · 亨廷顿教练（苏炳添的现任教练）常采用的方法是：运动员双手撑地于起跑线后，比肩稍宽，双膝并拢跪地，使手臂和大腿与地面垂直，脚尖的位置就为后抵足板的距离。在此基础上，收回前支撑腿脚掌至后支撑腿胫骨中间位置，此位置就为前抵足板的位置。至此，运动员大致确定了前后抵足板的距离。在此基础上，根据表 3–1 和图 3–1 所示的预备动作技术参数微调前后抵足板即可。

2. 预备姿势技术参数

预备姿势的技术重点是让运动员将身体位置调整到最佳的发力角度。最佳的发力角度如表 3–1 和图 3–1 所示，但需要说明的是，在起跑训练实践中，不能要求运动员完全复制表 3–1 所示的技术参数，运动员前后支撑腿分别接近 90° 和 135° 、躯干角接近 –10° 、关节切面略微超过起跑线即可。

表 3–1　优秀男子短跑运动员起跑预备姿势技术参数

技术参数	参考值
躯干角（°）	–10
前支撑腿大腿角度（°）	290
后支撑腿大腿角度（°）	250
前支撑腿膝关节角度（°）	90
后支撑腿膝关节角度（°）	135
前支撑腿抵足板角度（°）	50
后支撑腿抵足板角度（°）	55

图 3–1　优秀男子 100 米运动员预备时关键技术参数示例

值得注意的是，在预备姿势时，传统的技术要求运动员的双臂伸直，比肩稍宽，但现代短跑技术中流行一种新的趋势，即双臂屈肘式支撑。据多名优秀短跑运动员反馈，相对直臂式支撑，这种屈肘式支撑一方面能让运动员的动作更为放松，另一方面有利于运动员蹬离起跑时快速摆臂，进而快速做出剪绞动作。

3. 蹬离起跑器技术参数

世界优秀男子 100 米运动员蹬离起跑器时的主要技术参数如表 3–2 和图 3–2 所示。其中，重点关注“双脚同时蹬离起跑器”和“摆动腿脚尖贴近地面”两个技术环节。

表 3–2　世界优秀男子 100 米运动员蹬离起跑器时的主要技术参数

技术参数		男子参考值
第 1 步着地瞬间着地点与 COG 间距（米）		–0.14
第 2 步着地瞬间着地点与 COG 间距（米）		–0.16
第 3 步着地瞬间着地点与 COG 间距（米）		–0.12
起跑步长（米）		1.09
第 1 步步长（米）		1.13
第 2 步步长（米）		1.30
起跑步频（赫兹）		3.03
第 1 步步频（赫兹）		4.93
第 2 步步频（赫兹）		5.26
蹬离起跑器瞬间质心速度（米 / 秒）		4.18
第 1 步离地瞬间质心速度（米 / 秒）		6.41
第 2 步离地瞬间质心速度（米 / 秒）		7.28
着地时间	蹬离起跑器着地时间（秒）	0.287
	第 1 步着地时间（秒）	0.140
	第 2 步着地时间（秒）	0.123
腾空时间	蹬离起跑器腾空时间（秒）	0.050
	第 1 步腾空时间（秒）	0.600
	第 2 步腾空时间（秒）	0.067
后腿蹬离起跑器时	后脚紧蹬抵足板时后小腿角度（°）	145
	后踝与前膝交叉时小腿折叠的角度（°）	87
	前小腿角度（°）	169
	躯干角度（°）	35
第 1 步躯体各角度	后踝与前踝交叉时膝盖的角度（°）	84
	腾空时的后腿角度（°）	154
	腾空时的躯干角度（°）	48
第 2 步躯体各角度	后踝与前膝交叉时膝盖的角度（°）	88
	腾空时的后腿角度（°）	151
	腾空时的躯干角度（°）	47

图 3-2 优秀男子 100 米运动员蹬离起跑器瞬间技术参数示例

（1）强调双脚同时蹬离起跑器

在当前的短跑训练实践中，运动员普遍采用单脚蹬离起跑器技术，即在听到发令枪响后，运动员以前置腿为支撑，迅速迈出摆动腿。其基本原理是，通过支撑腿的积极蹬伸和扩大摆动腿的摆动幅度来增加运动员的动作冲量和初速度。然而，我们通过对短跑训练和比赛的长期观察发现，单脚蹬离起跑器技术容易导致运动员起跑后第一步过大、身体重心过早抬起和产生过大的垂直分量，进而导致起跑 - 加速技术衔接的脱节，最终导致运动表现的降低。为了避免单脚蹬离起跑器技术的缺陷，近年来世界级的短跑运动员开始采用双脚蹬离起跑器技术，即在听到发令枪响后，运动员双脚同时用力蹬离起跑器，并顺势迈出摆动腿。由于双脚蹬离起跑器技术减少了摆动腿的摆动幅度，因而可以防止运动员身体重心过早抬起，避免产生过大的垂直分量。另外，双脚同时蹬离起跑器可以比单脚蹬离起跑器产生更大的动作冲量。2011 年，美国著名生物力学专家 Mann 等人的研究发现，相对于普通短跑运动员（10.10~10.35 秒），精英短跑运动员（9.83~10.0 秒）在起跑时有一个明显的双脚同时蹬离起跑器的动作，而普通短跑运动员却没有掌握此技术。由图 3-3 和图 3-4 可知，精英短跑运动员单脚蹬离起跑器时产生的水平分量和垂直力量分别为 900 牛和 1200 牛，而双脚同时蹬离起跑器时产生的水平分量和垂直分量分别可达到1200牛和1400牛，即两者之间的水平和垂直力量分别相差约300牛和200牛。显然，300牛的水平力量优势和200牛的垂直力量优势对于一个爆炸性起跑的意义是非常重大的。一个非常简单的例子，是单脚立定跳远跳得远，还是双脚立定跳远跳得远？毫无疑问是双脚立定跳远跳得更远，因此，建议运动员选择双脚同时蹬离起跑，以产生更大的冲量，进而获得更大的初速度。

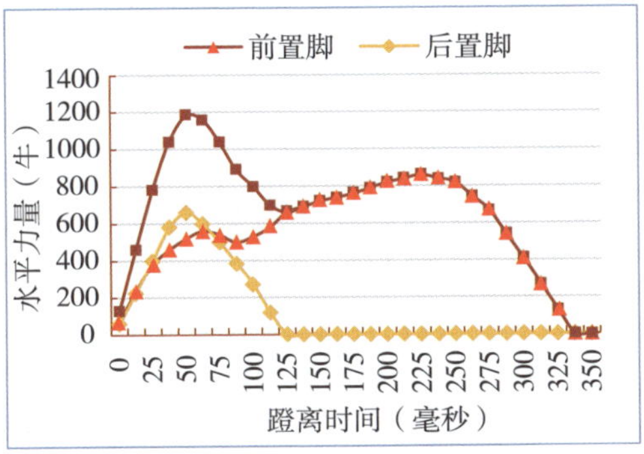

图 3–3 精英短跑运动员蹬离起跑器时水平力量的变化图

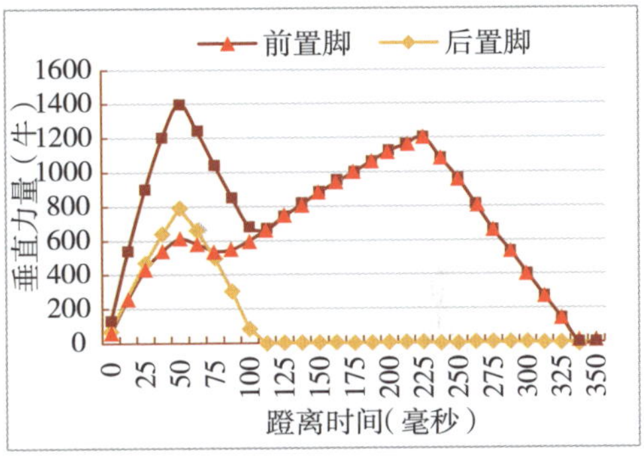

图 3–4 精英短跑运动员蹬离起跑器时垂直力量的变化图

（2）强调摆动腿脚尖贴近地面

在起跑过程中，要求运动员快速做出剪绞动作，以尽可能地摆脱静止，获得最大的初速度。两点之间，直线的距离最近，因此，应让运动员的脚摆动时尽量贴近地面，向前摆动（图3–5），能够产生一个尽可能水平的力。此外，这样也可以避免身体重心过高抬起。

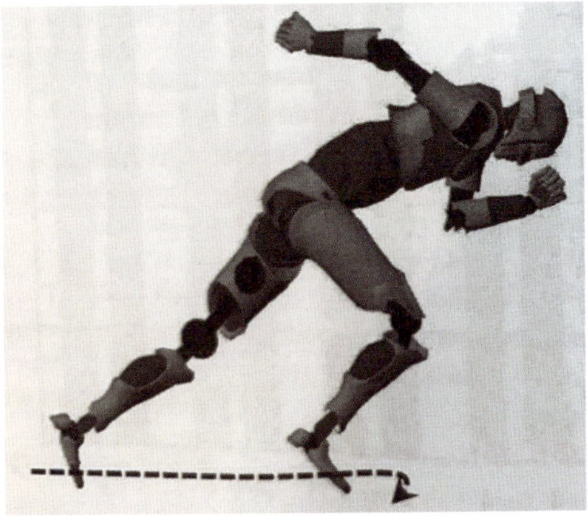

图 3–5 优秀短跑运动员起跑时脚掌的摆动轨迹

（三）加速跑阶段的主要技术特征

世界优秀男子100米运动员加速跑阶段的主要技术参数如表3–3、图3–6、图3–7所示。其中，重点要做好尽量压低身体重心蹬伸和选择摇摆型步态特征两个技术环节。

表 3-3 世界优秀男子 100 米运动员加速跑阶段的主要技术参数

技术参数	第 3 步时参考值	最大速度时参考值
质心速度（米 / 秒）	7.28	12.55
步频（赫兹）	5.36	4.76
步长（米）	1.3	2.64
着地时间（秒）	0.123	0.087
腾空时间（秒）	0.067	0.123
着地时胫骨与地面的角度（°）	45	90
着地时躯干角度角度（°）	48	80

图 3-6 优秀男子 100 米运动员起跑后第 3 步触地瞬间关键技术示例

图 3-7 优秀男子 100 米运动员起跑后第 3 步蹬离瞬间关键技术示例

1. 尽量压低身体重心蹬伸

在加速跑阶段（2~20 米），运动员应该尽量压低身体重心，通过蹬伸技术增加步长，而非增加步频来获得尽可能大的水平加速度。因为步长的增加比步频的增加更有利于运动员提高水平加速度和跑的经济性，进而提高整体运动表现。研究表明：我国优秀男子短跑运动员途中跑阶段的步长指数显著小于世界优秀男子短跑运动员（1.28 VS 1.33），我国优秀男子短跑运动员加速跑阶段的步频指数显著高于世界优秀男子短跑运动员（8.21 VS 7.50），这说明我国优秀男子短跑运动员试图在加速跑阶段通过步频的快速增加来提高加速度。前期研究表明：起跑后步频的过快增加，一方面运动员会因肌肉兴奋与抑制之间的快速转换而导致能量的快速损耗，不利于运动员获得和保持最大速度；另一方面运动员也会因肌肉的持续紧张而导致越跑越僵，上述两点对短跑运动员而言都是致命的。

2. 选择摇摆型步态特征

步宽是指运动员在跑动过程中双脚触地点之间的平行距离。在短跑比赛中，运动员在蹬离起跑器后应该采用什么样的步态模式一直是短跑技术中具有争议的问题。在短跑训练实践中，有的教练员主张运动员使用触地点远离身体重心、步宽较大的“摇摆型”步态；也有的教练员主张运动员在蹬离起跑器后使用触地点接近身体重心、步宽较小的“直线型”步态（图 3–8）。研究表明：相对于直线型步态，摇摆型步态更有助于运动员获得更大的加速度。因此，建议运动员选择摇摆型步态特征，尤其是对于高大运动员而言，腿长意味着转动惯量大、角速度小，加速跑时需要的力量更大、时间更长，所以建议使用摇摆型步态。

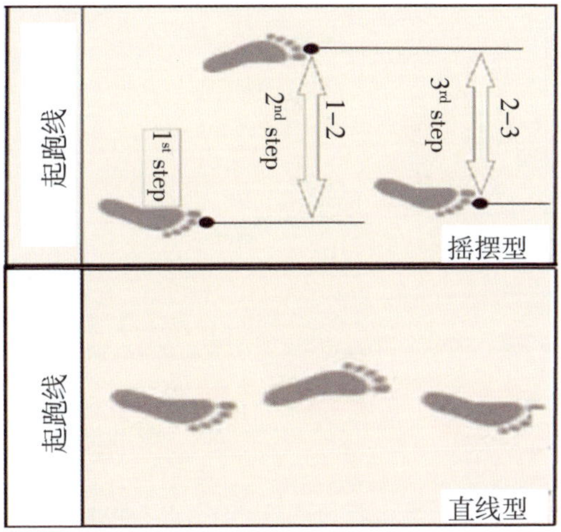

图 3–8　摇摆型和直线型步态示意图

（四）途中跑阶段的主要技术特征

世界优秀男子 100 米运动员途中跑阶段的技术参数如表 3-4、图 3-9 和图 3-10 所示，其中，重点要做好“快速鞭打”和“快速剪绞”两个技术环节。

表 3-4　世界优秀男子 100 米运动员途中跑阶段的主要技术参数

技术参数		参考值
质心速度（米 / 秒）		12.55
步频（赫兹）		4.76
步长（米）		2.64
着地时间（秒）		0.087
腾空时间（秒）		0.123
大腿到达高膝盖位置时间（秒）		0.033
着地时着地点距躯体重心的水平距离（米）		0.38
着地时躯干角度（° ）		80
着地时膝盖分离距离（米）		0.07
前摆时大腿姿态	预抬腿角度（° ）	157
	完全伸展角度（° ）	154
	最大弯曲角度（° ）	259
前摆时小腿姿态	预抬腿角度（° ）	150
	完全伸展角度（° ）	45
	脚踝与膝盖交叉角度（° ）	60
大腿角速度	大腿到达高膝盖位置（弧度 / 秒）	435
	着地时伸展角速度（弧度 / 秒）	465
	触地时平均伸展速率（弧度 / 秒）	580
小腿角速度	着地角速度（弧度 / 秒）	350
	脚踝与膝盖交叉角速度（弧度 / 秒）	3

图 3-9　优秀男子 100 米运动员途中跑阶段腾起瞬间主要技术参数示例

图 3-10　优秀男子 100 米运动员途中跑阶段着地瞬间主要技术参数示例

1. 做好“快速鞭打”技术

在途中跑过程中，运动员触地时的反作用力来源于脚对地面的冲击力。研究表明：精英短跑运动员在膝关节上摆时的高度要高于一般短跑运动员，同时保持膝盖高位的时间要长于一般运动员。与此同时，精英短跑运动员伸髋和伸膝时的角速度明显快于一般短跑运动员。即优秀短跑运动员触地前的“鞭打”动作比一般短跑运动员更快，快速做出“鞭打”动作，能够给地面施加更大的冲击力，进而获得地面更大的反作用力，以增加步长和步频。值得注意的是，优秀短跑运动员在抬膝和伸髋下压过程中，始终保持着勾脚尖的状态，这有利于减少运动员着地时的制动力，增加着地时的驱动力。

2. 做好“快速剪绞”技术

在途中跑过程中，“后撩”动作是最为常见的错误技术之一，也是导致运动员触地时间偏长、腾空时间偏短、步频偏慢、步长偏小、前摆时间偏短、制动力偏大、驱动力偏小的主要原因。研究表明，优秀短跑运动员在支撑腿着地瞬间，两膝盖之间的分离距离为 7 厘米，而一般短跑运动员两膝之间的分离距离为 17 厘米，这说明优秀短跑运动员着地时两腿的剪绞速度快于一般短跑运动员。快速的剪绞动作是运动员延长高膝位置时间、基于能量做出鞭打技术、获得更大地面反作用力的基本前提。综上，着地时双腿的“快速剪绞”技术是优秀短跑运动员的重要技术特征。

（五）100 米全程速度节奏特征

传统观念认为，短跑是一项“一鼓作气、一冲到底”的运动。最新研究表明，短跑并非是一项一冲到底的运动，而是一项具有鲜明速度节奏特征的运动，通过速度节奏的合理变换，可以将运动员的生物能最大限度地转化为机械能。全程速度节奏既是短跑技术的一个重要组成部分，也是教练员制定比赛策略、诊断专项能力、设计训练方法和手段的重要依据。

1. 100 米全程速度节奏的划分

在过去的研究和训练实践中，训练学专家和教练员们根据世界高水平短跑运动员比赛中的速度曲线变化特征，将 100 米跑的全程节奏划分为起跑、加速跑（0~30 米）、途中跑（30~80 米）和冲刺跑（80~100 米）四个阶段（简称“四分法”），并以此为依据安排和设计短跑训练。但最新研究表明，世界优秀短跑运动员的步长一直保持着稳步增加的趋势，但步频会出现多次明显的波动。在 0~20 米段落，运动员的步频为 4.1~4.2 赫兹；但在 20~40 米段落，步频由 4.1 赫兹急剧增加到了 4.8 赫兹；并在 40~80 米和 80~100 米段落，步频两次出现明显的下降。在短跑训练实践中，教练员一般将 20~40 米段落运动员步频急剧增加的阶段称为“转换阶段”。这就是说，根据运动员步长和步频的变化特征可将 100 米跑重新划分为起跑、纯加速（0~20 米）、转换（20~40 米）、最大速度（40~80 米）和降速（80~100 米）五个阶段（简称“五分法”）。由图 3-11 可知，“五分法”是在“四分法”的基础上将“加速跑阶段”进一步细分为“纯加速阶段”和“转换阶段”。另外，从100米跑中运动员腿部肌电活性的变化特征来看，加速跑和途中跑是短跑运动中两个不同的专项阶段，即在加速跑阶段，触地时间相对较长，运动员有相对充分的时间来完成蹬伸动作。因此，运动员在此阶段以髋部伸肌（臀大肌）和腿部前群伸肌（股直肌、股外肌、腓肠肌）的最大收缩为主。但当进入途中跑阶段后，触地时间相对较短，运动员已经没有足够的时间来进行蹬伸，这将导致腿部前群肌肉参与收缩的比重逐渐下降，髋部屈肌和股后肌群肌肉参与收缩的比重逐渐上升。因此，为了实现两个专项阶段的顺利过渡，也需要一个特殊的衔接阶段，即转换阶段。

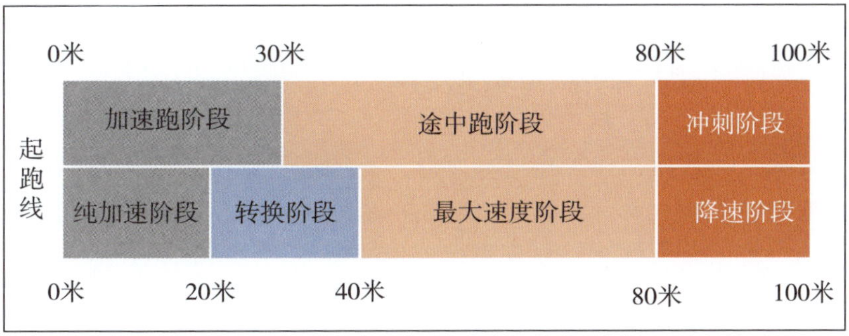

图3-11　100米全程节奏的两种不同划分方法示意图

转换阶段的技术特点是，充分利用纯加速阶段获得的速度惯性，在稳定步长的同时通过顺势跑将步频增加至最大。在顺势跑时，运动员不需100%用力，肌肉处于相对放松的状态，这一方面有助于节省能量的消耗和加速ATP-CP的再合成，为达到和保持最大速度储备能量；另一方面，放松的肌肉状态是中枢神经系统快速发放神经冲动、获得最大步频，进而达到最大速度的基本前提。在短跑训练实践中，教练员可通过变速跑（20米快+20米慢+20米快+20米慢）、阻力跑和助力跑等手段来帮助运动员掌握由纯加速阶段向途中跑阶段过渡的转换技术。

有必要说明的是，如果从不同段落运动学特征及下肢主要肌群参与收缩特征的角度而言，可以将100米比赛划分为起跑、加速跑和途中跑三个阶段；但若从全程速度节奏变化特征的角度而言，可以进一步将100米比赛的“加速阶段”细分为“纯加速”和“转换”两个阶段，可以进一步将“途中跑阶段”细分为“最大速度”和“速度保持（降速）”两个阶段，即从全程速度节奏变化特征的角度而言，可以将 100 米比赛划分为起跑、纯加速、转换、最大速度和速度保持（降速）五个阶段。由此可见，上述关于 100 米比赛阶段划分的两种方法并不矛盾。

2. 100 米比赛理想速度节奏特征的描述

（1）起跑阶段

运动员的主要任务是获得一个尽可能大的动作冲量和初速度，以使身体迅速地摆脱静止状态。在该阶段，运动员应双脚同时蹬离起跑器，前两步摆动腿的脚尖要尽量贴近地面，不要出现明显的抬膝动作，快速着地并做出剪绞动作。

（2）纯加速阶段

运动员的主要任务是在起跑获得动作冲量和初速度的基础上获得更大的动作加速度。研究表明，当跑速低于 9 米 / 秒时，增加步长比增加步频更加有利于运动员摆脱静止，获得动作加速度。此外，在周期性运动中肌肉收缩的能量消耗与肌肉的收缩速度成立方比，即肌肉收缩速度增加一倍，其氧的消耗量就会增加七倍。因此，在加速阶段通过增加步长提高速度比通过增加步频提高速度更具经济性。运动员在此阶段要尽量压低重心，一步一步蹬起来，不要急于增加步频，主要是通过步长的增加来获得加速度。

（3）转换阶段

运动员的主要任务是为达到和保持最大速度水平做准备。因此，在该阶段，运动员要充分利用加速阶段产生的速度惯性，通过顺势跑调整动作节奏，在稳步增加步长的同时，将步频增加到最大。由于顺势跑时肌肉相对放松，既有助于节省能量输出，也有助于 ATP–CP 的再合成，能为达到和保持最大速度储备能量。另外，从动力学角度而言，步频的增加意味着触地时间的减少。研究表明，在保持步长稳定的情况下，减少触地时间是节省能量消耗和达到最大速度水平的重要途径。图 3–12 中显示，在该段落，运动员的步长约由 2.10 米增加到 2.35 米，步频则由 4.1 赫兹提高到 4.8 赫兹，步频成为该段落速度变化的主导变量。

（4）最大速度阶段

运动员的主要任务是充分利用已经获得的速度惯性和动用能量储备，同步增加步长和步频，达到和保持最大速度，在竞争中脱颖而出，获得最终的胜利。如图 3-12 所示，在该段落，运动员的步长与步频出现了同步增加。

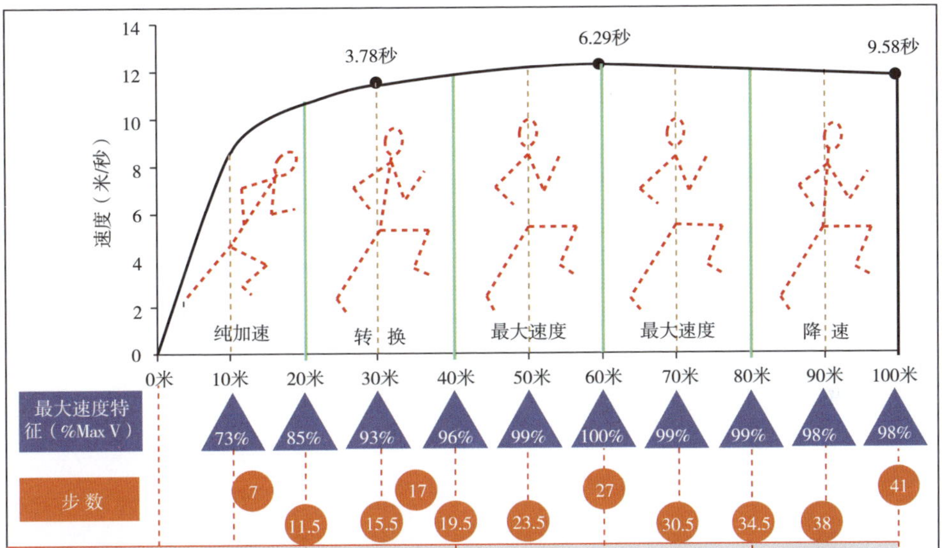

	0–20米	20–40米	40–60米	60–80米	80–100米
分段步长（%Max SL）	（1.78米）（62.46%）	2.52米（93.68%）	2.67米（93.68%）	2.77米（97.19%）	2.85米（100%）
分段步频（%Max SF）	3.89赫兹（85.68%）	4.54赫兹（100%）	4.49赫兹（98.90%）	4.49赫兹（98.90%）	4.23赫兹（93.17%）
分段腾起角度	45°	50°	60°	60°	60°
分段着地角度	45°	90°	90°	90°	90°
能量代谢途径	ATP–CP供能为主	由ATP–CP供能比例开始下降，糖酵解供能比例逐渐上升			糖酵解供能为主
肌肉工作方式	腿部前群肌肉的最大收缩为主	由前群向髋部屈肌、股后群转化	以髋部屈肌、股后群的最大收缩为主		股后群收缩比例下降，前群比例上升

图 3–12　世界优秀 100 米运动员比赛模型（基于 Usain Bolt 2009 年柏林世锦赛 9.58 秒）

（5）速度保持（降速）阶段

运动员的主要任务是尽可能地保持最大速度。随着磷酸原的耗竭，能量代谢途径已转换为乳酸能供能为主，乳酸的堆积会导致步频的急剧下降。因此，运动员在此阶段不宜也不能通过增加步频提高速度，而是应通过步长的增加来弥补步频下降引起的速度损失。因为步长的增加意味着腾空时间增加，肌肉的放松时间延长，有利于乳酸的缓冲和 ATP–CP 的再合成，步长与步频的这一变化规律也在图 3–12 中得到体现。

运动技术的不断改进和完善是短跑运动成绩不断取得突破的重要因素，但合理短跑技术的掌握并非一日之功。因此，从青少年运动员接触短跑专项训练开始，教练员就应该向其灌输正确的短跑技术理念，使其掌握科学合理的短跑技术，因为错误的技术动作结构一旦定型，就难以纠正。对于成年运动员而言，即使当运动成绩遇到瓶颈，不得不对运动技术进行改进时，也切忌大刀阔斧地进行，而只能在原有技术动作的基础上进行微调，否则将会破坏整个技术动作结构系统，导致运动成绩的急剧下降。必须强调的是，科学训练的基本前提是区别对待，聪明的教练员不应将所谓“完美的短跑技术”强加于任何运动员，而是应在其正确理解短跑技术原理的基础上，结合运动员的个人特点，选择合适的训练方法和手段，形成独具风格的短跑技术。

四、青少年短跑运动员的速度训练

姜自立

（一）速度训练的生理基础

速度素质是指人体进行快速运动的能力或在最短时间完成某种运动的能力。按其在运动中的表现可以分为反应速度、动作速度和周期性运动的位移速度三种形式。短跑运动的成绩是反应速度和位移速度的总和。

1. 反应速度

反应速度是指人体对各种信号刺激（声、光、触等）快速应答的能力。在短跑比赛中，反应速度是指从运动员听到枪声到启动的时间（抵足板压力超过 100 牛）。短跑运动员的反应速度主要取决于兴奋通过反射弧所需时间的长短、中枢神经系统的技能状态和运动条件反射的巩固程度。

2. 位移速度

位移速度是指周期性运动中人体在单位时间内通过的距离。就短跑项目而言，位移速度主要取决于步长和步频两个变量，而步长和步频又受多种生物学因素和运动学因素的制约。

（1）影响步长与步频的生物学因素

从生物学角度来看（图 4–1），步长主要取决于运动员的腿长、腿部力量和髋关节的活动范围。下肢越长、髋关节的活动范围越大、腿部力量越好，运动员的步长就会越大。步频主要取决于大中枢神经系统发送神经冲动的频率、各中枢间的协调性，以及快肌纤维的比例和肥大程度。中枢神经系统发送神经冲动的频率越快、各中枢间的协调性

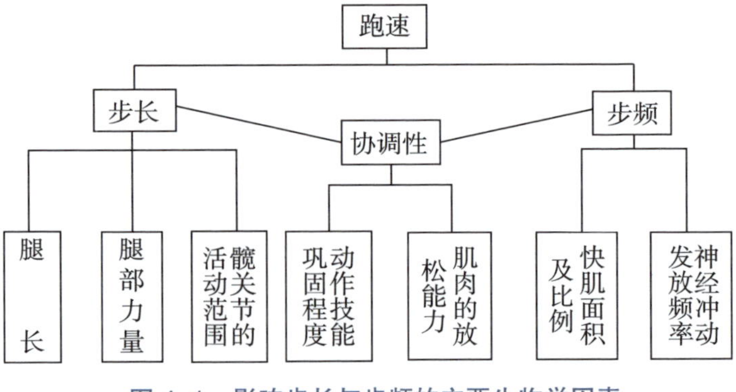

图 4–1　影响步长与步频的主要生物学因素

越好、快肌纤维比例越高，运动员的步频就会越快。

在影响步长与步频的诸多生物学因素中，腿部力量、髋关节的活动范围、动作技能的巩固程度，以及肌肉的放松能力受遗传因素的影响较小，可塑空间比较大，可以通过科学的训练得到较大幅度的提高。但腿长、快肌面积及比例，以及神经冲动发放频率受遗传因素限制比较大，可塑空间比较小，通过后天的训练难以得到有效的改善，这提示教练员选材时应该选择腿长、快肌纤维比例高、神经-肌肉协调能力好的运动员。

（2）影响步长与步频的运动学因素

虽然影响步长与步频的运动学因素众多，但归纳起来就是三大因素：腿长、腿部力量和腾起/着地角度。如图 4–2 所示，对于已停止发育的短跑运动员而言，腿长是无法通过训练改变的，也就是说，增加腿部力量、改善腾起/着地角度是提高步长与步频的主要训练方向。

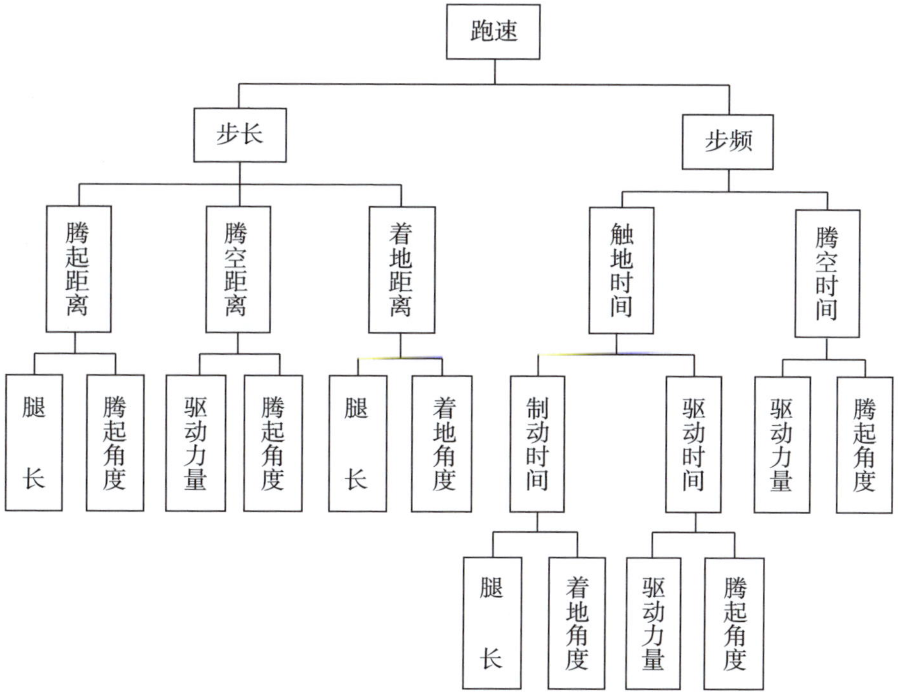

图 4–2 影响步长与步频的主要运动学因素

就 100 米比赛不同阶段身体姿势及其参与收缩的肌群而言，可以将腿部力量分为两类：第一类是以髋部伸肌（臀大肌、大收肌、股二头肌长头、半腱肌、半膜肌）和股四头肌以向心收缩为主要形式的最大力量，起跑和加速阶段（0~20 米）的步长与步频主要取决于此类力量，发展此类力量的主要训练手段有杠铃半蹲或全蹲、负重上箱、跨步跳等；第二类是以髋部屈肌（髂腰肌、股直肌、阔筋膜张肌）、股后肌群（腘绳肌）和比目鱼肌以拉长－缩短周期为主要收缩形式的快速反应力量，途中跑阶段（20~100 米）的步长与步频主要取决于此类力量，发展此类力量最为常用和有效的手段包括抗阻下压摆腿、跳深等超等长练习。

（3）理想的步长与步频指数

当前国际上评价步长与步频合理性的通用指标为步长指数和步频指数，步长指数＝运动员 100 米比赛平均步长 ÷ 运动员的身高，步频指数＝运动员 100 米比赛平均步频 × 身高。通过步长指数和步频指数可以比较不同身高和水平的 100 米运动员步长与步频的合理性。

本文根据 Hoffman 提出的公式，对 Top9 运动员在创造生涯个人最好成绩的步长指数和步频指数进行了计算（表 4–1）。结果显示，Top9 运动员在创造个人最好成绩时平均用 44.05 步完成 100 米比赛，平均步长为 2.27 米，步长指数为 1.24；平均步频为 4.52 赫兹，步频指数为 8.28。因此，步长指数达到 1.24 或以上，步频指数达到 8.28 或以上，是评价优秀短跑运动员步长与步频比例合理性的重要标准。国内优秀短跑运动员的步长和步频指数如表 4–2 所示。

表 4–1　世界 Top9 运动员步长指数和步频指数一览表

运动员	成绩（秒）	身高（米）	步数（步）	步长（米）	步长指数	步频（赫兹）	步频指数
博尔特	9.58	1.96	40.92	2.44	1.25	4.27	8.37
布雷克	9.69	1.80	45.65	2.19	1.22	4.71	8.48
盖　伊	9.69	1.80	45.94	2.18	1.21	4.74	8.53
鲍威尔	9.72	1.90	43.66	2.29	1.21	4.49	8.53
加特林	9.77	1.85	42.90	2.33	1.26	4.39	8.12
卡　特	9.78	1.70	44.95	2.23	1.31	4.60	7.81
格　林	9.79	1.76	45.50	2.20	1.25	4.65	8.18

续表

运动员	成绩（秒）	身高（米）	步数（步）	步长（米）	步长指数	步频（赫兹）	步频指数
贝　利	9.84	1.85	44.10	2.27	1.23	4.48	8.29
刘易斯	9.86	1.88	42.91	2.33	1.24	4.35	8.18
均　值	9.74	1.83	44.05	2.27	1.24	4.52	8.28

（数据截至 2009 年）

表 4-2　我国部分优秀 100 米运动员步长指数和步频指数一览表

姓　名	成绩（秒）	身高（米）	步数（步）	步长（米）	步长指数	步频（赫兹）	步频指数
苏炳添	9.91	1.72	47.75	2.09	1.22	4.82	8.29
谢震业	9.97	1.84	46.70	2.14	1.16	4.68	8.62
许周政	10.21	1.82	46.50	2.15	1.18	4.55	8.29
江亨南	10.22	1.75	47.80	2.09	1.20	4.68	8.18
吴智强	10.31	1.75	47.75	2.09	1.20	4.63	8.10
梁劲生	10.37	1.85	44.00	2.27	1.23	4.24	7.85
均值	10.17	1.79	46.75	2.14	1.20	4.60	8.22

（4）100 米运动员步长与步频的发展模式

①世界顶级男子 100 米运动员步长与步频的发展规律。

博尔特（9.58 秒）和布雷克（9.69 秒）是世界短跑史上速度最快的两名运动员，笔者对博尔特和布雷克多年的步长和步频变化规律进行了追踪（图 4–3 和图 4–4），结果显示：博尔特和布雷克在步长和步频的发展模式上具有共同的特征，即两人在青少年时期（2007 年时博尔特和布雷克分别为 21 岁和 18 岁，这均是官方能找到的最早的比赛数据）均具备了较高的步频，步频指数分别为 8.40 和 8.49，但两者的步长指数仍然相对较低，分别为 1.18 和 1.16；之后，随着两者竞技水平的不断提高，步频均保持了相对稳定的水平，但步长出现了显著增加，其中，博尔特的步长指数由 2007 年 10.03 秒时的 1.18 提高到了 2009 年 9.58 秒时的 1.25，布雷克的步长指数由 2007 年 10.11 秒时的 1.16 提高到了 2012 年 9.69 秒时的 1.22。

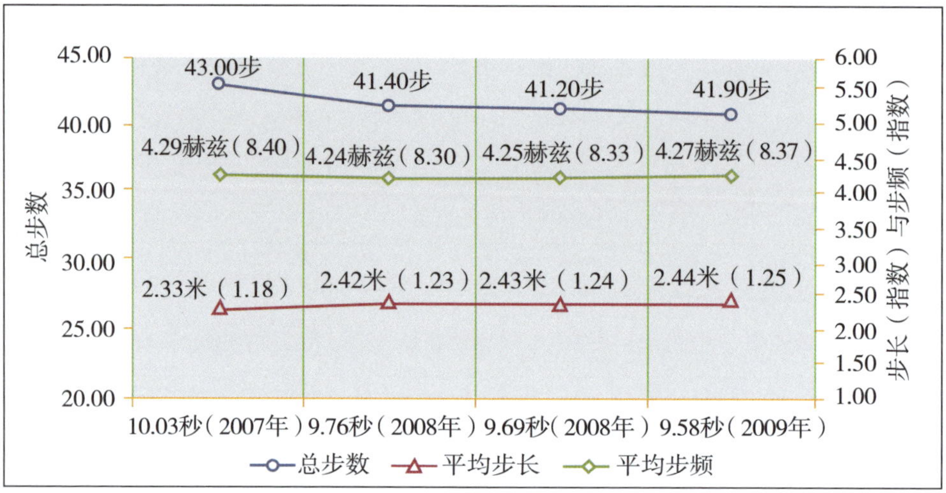

图 4-3　博尔特 100 米“成绩—步长—步频”变化图

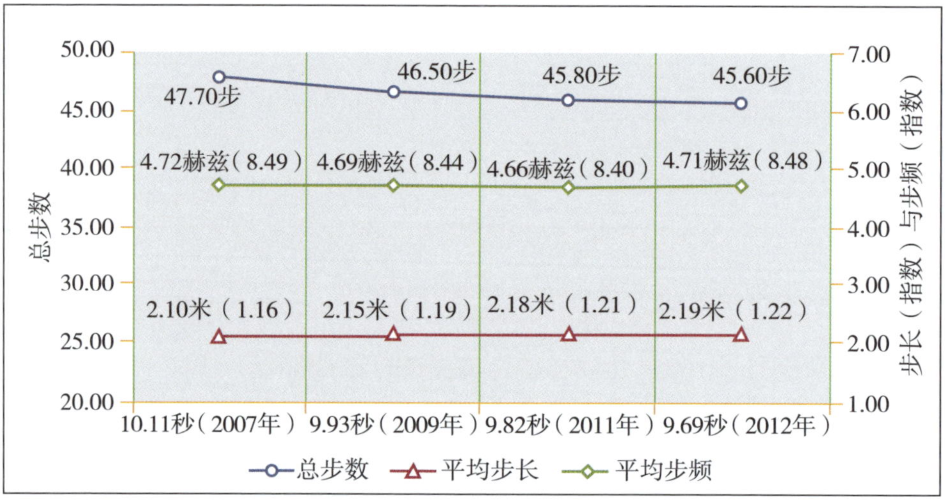

图 4-4　布雷克 100 米“成绩—步长—步频”变化图

博尔特和布雷克步长与步频的长期发展规律提示：对于短跑运动员而言，在青少年时期应该以步频的发展为主，进入成年后再以步长的发展为主。因为步频的快慢在很大程度上取决于神经－肌肉的协调能力，而青少年时期是发展神经－肌肉协调能力的敏感期，在此阶段发展步频能够获得事半功倍的效果。反之，一旦错过步频发展的敏感期，将会出现事倍功半，甚至难以提高的现象。另外，抛开腿长这一先天因素，运动员的步长主要取决于腿部力量，而男性的最大力量直到

30 岁左右才达到峰值，教练员完全可以在运动员成年后再重点发展腿部的最大力量，进而提高步长。

②世界优秀男子 100 米运动员步长与步频发展的历史规律。

本文对 1970—2014 年研究文献所提到的世界优秀男子 100 米运动员的步长（指数）和步频（指数）变化规律进行了对比研究（表 4–3），结果显示：男子 100 米世界纪录，由 9.95 秒提高至 9.58 秒，与此同时，世界优秀男子 100 米运动员的平均步长由 2.05 米提高至 2.27 米，步长指数由 1.14 增加至 1.24。平均步频由 4.75 赫兹下降至 4.52 赫兹，步频指数由 8.54 下降至 8.28。以上数据说明，从短跑技术发展的历史长河来看，世界男子 100 米成绩的进步主要得益于步长的增加，而非步频的增加。

表 4–3 世界优秀男子 100 米运动员步长与步频变化规律一览表

研究者	样本	世界纪录（秒）	成绩（秒）	身高（米）	步长（米）	步长指数	步频（赫兹）	步频指数
Hoffman（1971）	*n*=56	9.95	10.50	1.80	2.05	1.14	4.75	8.54
Shinabargar（2000）	*n*=11	9.79	9.90	1.83	2.22	1.21	4.55	8.33
姜自立（2014）	*n*=9	9.58	9.75	1.83	2.27	1.24	4.52	8.28

注：1968 年以前运动员在炉渣跑道上进行 100 米比赛。

有必要说明的是，直到 1968 年墨西哥奥运会，世界上才首次使用塑胶跑道，也就是说，表 4–3 中 Hoffman 的数据主要来自炉渣跑道。众所周知，炉渣跑道的弹性明显比塑胶跑道差，这会在一定程度上缩小腾空时间，进而缩短运动员的步长和加快运动员的步频。但毋庸置疑的是，短跑技术一定会朝着更大步长的方向发展，因为短跑运动员的身材正在朝着高大化的方向发展，而且，从短跑技术经济性的角度而言，运动员的步长越大，意味着腾空时间越长，而腾空时间的增加有助于肌肉的放松，进而有助于 ATP–CP 的重新合成和再利用，最终有助于提高短跑技术的经济性和成绩。

（5）100 米项目中的“步长型运动员”与“步频型运动员”

短跑训练实践中的“步长型运动员”和“步频型运动员”在国内外文献

中尚无明确的定义或界定。教练员口中的“步长型运动员”是指看起来步长非常大、步频比较慢的运动员，如博尔特、加特林等。将看起来步频非常快、步长偏小的运动员称为“步频型运动员”，如苏炳添、张培萌等。但是，步长到底多大或什么样的步长－步频比的运动员可称为“步长型运动员”？步频到底多快或步长－步频比多大的运动员可称为“步频型运动员”？教练员也没有一个明确的概念。也就是说，“步长型运动员”或“步频型运动员”只是一个“印象”，并无科学依据。众所周知，当某一运动素质（步长或步频）发展到较高水平后，可塑空间将逐渐缩小，提升难度随之增加，反之亦然。因此，所谓的“步长型”或“步频型”不能作为培养短跑运动员的一个模型或发展方向。

不可否认的是，在高水平短跑运动员中也确实存在一些所谓的“步长型运动员”或“步频型运动员”。但如果一名短跑运动员在进入高水平训练阶段后，仍然存在步长特大（步长指数显著高于 1.24）、步频特慢（步频指数显著低于 8.28）或步频特快（步频指数显著高于 8.28）、步长特小（步长指数显著低于 1.20）的情况，那就只能说明该运动员的训练或技术导向存在问题。科学的训练导向是“使强项更强，恶补短板”，聪明的教练员应该对照“冠军模型”的步长指数（黑种人 1.24，黄种人 1.22）和步频指数（黑种人 8.28，黄种人 8.45），针对“步长特大、步频特慢”或“步频特快、步长特小”的问题，在训练中“恶补短板”。

从短跑运动员选材的角度而言，如果同时存在一名所谓的“步频型运动员”和一名所谓的“步长型运动员”，同等条件下，教练员应该倾向于选择所谓的“步频型运动员”。因为步频快，意味着该运动员的快肌纤维比例高、神经－肌肉协调能力好，而快肌纤维比例和神经－肌肉协调能力在很大程度上取决于先天因素，通过后天训练的可塑空间较小。至于影响步长的髋关节活动范围、腿部力量等因素，完全可以通过后天针对性的训练得到较大幅度的提高，因此，“步频型运动员”达到高水平的概率比较大。反之，如果一名运动员的步长非常大，而步频非常慢，说明其快肌纤维比例比较低、神经－肌肉协调能力比较差，可塑空间比较小，即使通过后天刻苦训练使其髋关节活动范围和最大力量得到进一步增加，最终也会因步频指数较低，难以达到较高的运动水平。

（二）速度训练的主要方法

1. 速度训练的练习距离

人体运动中所需要的能量分别由三种不同的能源系统供给，即磷酸原系统（无氧非乳酸）、酵解能系统（无氧乳酸）和有氧氧化系统（葡萄糖和脂肪的氧化）。但三大能源系统的输出功率和达到最大功率所需要的时间都存在显著差异（表 4–4）。其中，ATP 的输出功率最大，达到 11.2 mmol ATP K–1S–1；CP 次之，最大输出功率为 8.6 mmol ATP K–1S–1；而糖无氧酵解生成乳酸时，最大输出功率只仅为 5.2 mmol ATP K–1S–1。磷酸原供能系统虽然启动迅速，输出功率大，但其做功能力小，持续时间仅为 6~8 秒，对于青少年运动员而言，6~8 秒对应的距离就是 60~80 米，因此，速度训练的距离应在 80 米以内，如果练习距离超过 80 米，训练的代谢形式将以糖酵解或有氧代谢为主。

表 4–4　不同持续时间最大速度练习时能量供应特征

代谢类型（秒）	ATP+PCr（%）	糖酵解（%）	有氧（%）
1.28	80	20	–
3	65	32	3
6	50	44	6
12	22	47	31
30	17	45	38
60	8	62	30
90	12	42	46

2. 速度练习的间歇时间

速度训练的主要目的是发展运动员 ATP–CP 系统供能的能力，在速度训练实践中，一般采用重复训练法进行训练，除了选择 80 米以内的练习距离外，每次练习之间的间歇时间也会影响能量代谢系统。由表 4–5 可知，ATP–CP 系统恢复到 98.50% 的时间超过 3 分钟，因此，每次练习之间的间歇必须超过 3 分钟。如果间歇时间不足 3 分钟，ATP–CP 系统没有得到充分恢复，将会动员糖酵解系统参与供能；如果间歇时间过长，超过 10 分钟，神经肌肉系统的兴奋性降低，也不能产生理性的训练效果。

表 4–5 磷酸原系统的恢复速度

恢复时间（秒）	ATP–CP 恢复程度（%）
30	50
60	75
90	87
120	93
150	97
180	98.50

3. 速度练习的重复次数

在速度训练中，练习的重复次数也是影响能量代谢特征和速度训练效果的训练因素。一方面，随着重复次数的增加，磷酸原系统参与供能的比例逐渐减少，糖酵解参与供能的比例逐渐增高，神经和肌肉的兴奋性逐渐降低，速度训练的效果将会逐渐减退。另一方面，更为重要的是，运动损伤的风险将会随着重复次数增加逐渐升高。李庆（张培萌的教练）、袁国强（苏炳添的前任教练）、兰迪・亨廷顿（苏炳添的现任教练）、拉纳・莱德（谢震业、德格拉塞等的现任教练）、鲍勃・柯西（杰西乔伊娜的教练）、约翰・史密斯（莫里斯・格林的教练）等国内外优秀短跑教练，单次速度训练课的重复次数一般不会超过 8 次。

4. 速度训练的辅助方法

（1）阻力跑训练的作用机制及负荷参数

阻力跑（< 100% 最大速度）是指运动员在克服或对抗一定外部阻力的条件下进行速度训练的一种练习方法。阻力跑训练主要包括上坡跑、拖拽跑、负重跑、水中跑、沙地跑五种练习手段，其中上坡跑、拖拽跑和负重跑是速度训练实践中最为常用和有效的练习手段。阻力跑训练可以增加运动员髋部和腿部伸肌群的力量输出速率和摆臂幅度，进而提高运动员触地时的向前驱动力和步长，最终使运动员的加速能力（< 30 米）得到提高。

为了优化阻力跑训练的积极效应，避免其负面效应，在进行阻力跑训练时，上坡跑的倾斜率≈3°，拖拽跑的负荷≈13% 体重，负重跑的负荷≈15% 体重，练习距离一般为 40~60 米。

（2）助力跑训练的作用机制及负荷参数

助力跑（＞100% 最大速度）是通过对运动员施加一定的外部助力使其达到或超过最大跑速的训练方法。在速度训练实践中，常用的助力跑训练手段主要包括下坡跑、牵引跑和高速跑步机跑等。助力跑训练可以增加运动员的步频、地反力和突破速度障碍，进而提高运动员的整体速度表现。

为了优化助力跑训练的积极效应和避免其负面效应，在进行助力跑训练时，牵引跑的负荷≈106% 最大速度，下坡跑的倾斜率≈5°，练习距离一般为 60~80 米。

（3）阻力跑和助力跑训练课的构建

第一，阻力跑和助力跑属于速度性训练，要求运动员的神经 – 肌肉系统具有较高的兴奋性，因此，运动员在进行阻力跑和助力跑训练时必须处于最佳的生理机能状态。第二，为了避免阻力跑和助力跑训练的负面效应，在进行阻力跑训练时，上坡跑的倾斜率≈3°，拖拽跑的负荷≈13% 体重，负重跑的负荷≈15% 体重，练习距离一般为 40~60 米；在进行助力跑训练时，牵引跑的负荷≈106% 最大速度，下坡跑的倾斜率≈5°，练习距离一般为 60~80 米。第三，由于阻力跑和助力跑练习容易造成中枢神经系统的疲劳，因此，每次训练课一般分别安排 2~3 组阻力跑和助力跑练习为宜，5~8 分钟的间歇时间既可以确保磷酸原系统得到充分的恢复，又不会降低神经 – 肌肉系统的兴奋性，周训练频率一般不应超过 2 次。第四，阻力跑训练的主要作用是发展运动员的加速能力，助力跑训练的主要作用是发展运动员的最大速度能力。在短跑运动中，运动员必须先经过加速跑阶段才能达到最大速度阶段。因此，训练时也应该先进行阻力跑练习，然后再进行助力跑练习。当然，也可以按照“先阻后助”的顺序交替进行，即“阻力跑 + 助力跑 + 阻力跑 + 助力跑”的顺序进行。必须强调的是，在阻力跑和助力跑训练结束后，为了帮助运动员找回正确的短跑技术和节奏，教练员应再安排 2~3 组 60~80 米非负荷状态下的最大速度训练。

（4）年度周期中阻力跑和助力跑训练的安排

在运动训练实践中，一般将年度训练计划划分为一个或若干个中周期，每个中周期又可划分为一般准备期、专项准备期和赛前准备期三个阶段，并赋予了每个阶段不同的训练目标和任务。显然，实现不同的训练目标和任务所要求的训练内容、训练手段和训练负荷也会不尽相同。一般准备期的主要任务是发展运动员的基础运动能力，训练内容以基础力量、有氧能力和全面身体素质为主，而阻力跑和助力跑训练属于短跑或速度的专项力量训练。因此，阻力跑和助力跑练习在一般准备期内训练比例应相对较低；专项准备期的主要任务是将运动员的基础运动能力转化为专项运动能力，训练内容以最大速度、最大力量、速度耐力为主。因此，在专项准备期的训练中，教练员可以按阻力跑和助力跑训练课的构建安排阻力跑和助力跑训练的比例；赛前直接准备期的主要任务是通过赛前减量消除运动员机体的疲劳和培养运动员的最佳竞技状态，训练内容以专项技术和“实战”为主。因此，在此阶段的训练计划中，教练员应适当地减少阻力跑和助力跑的训练比例；另外，由于助力跑训练对神经－肌肉系统的刺激非常大，容易造成神经－肌肉系统的疲劳，因此，赛前 7 天左右时就应该停止阻力跑和助力跑训练。必须强调的是，教练员和运动员只能将阻力跑和助力跑训练作为传统速度训练手段的一种补充，而不能用其来替代传统的速度训练。

（5）青少年运动员的阻力跑和助力跑训练

从运动训练的一般规律而言，青少年阶段的主要训练目的和任务是通过一般身体训练或多种运动项目来发展运动员的协调性、柔韧性和灵敏性，以及掌握正确的专项运动技术，为将来的高水平训练打下坚实的基础。尽管已有研究证明，阻力跑和助力跑训练可以有效地提高青少年运动员的速度表现，但从长远来看，这种早期专门化的速度训练手段可能会在整体上牺牲运动员的发展潜力，降低运动员未来可能达到的运动水平。另外，由于青少年运动员进行短跑专项训练的时间仍然较短，尚未对短跑技术形成一个正确的认识，就更谈不上掌握经济而稳定的短跑技术动作了。如果教练员在青少年阶段安排过多的阻力跑或助力跑训练，势必将阻碍他们掌握正确的短跑技术，当然，精英级短跑运动员就不会存在此类问题。需要注意的是，青少年阶段（9~15 岁）是发展步频的敏感时期，助力跑训练可以提高中枢神经系统的协调性和灵活性，进而提高运动员的步频。因此，在此阶段的训练中，教练员可以安排适度比例的下坡跑练习，以使青少年运动员的步频在敏感期内得到最为有效的发展。

（三）速度训练应该注意的问题

1. 注意保持神经－肌肉系统的兴奋性

人体运动的实质是神经支配下的肌肉活动，神经－肌肉系统的兴奋性越高，发放神经冲动的频率就会越快，募集的运动单位就会越多，肌肉的收缩速度就会越快，最大速度训练的效果也就会越好。为了保持运动员神经－肌肉系统的兴奋性，教练员在安排最大速度训练时应遵循以下原则。

一是将最大速度训练安排在运动员生理机能状态最好的训练日进行。

二是将最大速度的练习距离控制在以磷酸原系统供能为主的段落内，如 80 米以内的段落。因为最大速度训练的主要目的是发展磷酸原系统的供能能力，而磷酸原系统最多只能维持肌肉 6~8 秒的最大收缩，若练习距离过长（≥ 100 米），能量代谢途径将会由磷酸原供能向糖酵解供能转化，而糖酵解过程产生的乳酸将会导致神经－肌肉系统兴奋性的降低。

三是严格控制最大速度训练的训练频率和训练量。对于 100 米主项的运动员而言，最大速度训练的频率一般不宜超过三次，周训练量一般不应超过 500 米。否则，容易导致运动员的神经疲劳和肌肉损伤。

2. 注意神经对肌肉的控制

最大速度是建立在神经元与肌肉之间高度精密的交互活动基础上的、相对稳定的联系。在非极限强度运动中，神经系统能够有效地控制肌肉的活动，神经元所释放的电信号也能够高效地传递给肌肉，进而有效地建立起神经－肌肉之间的精密互动联系。但在极限强度运动时，神经系统将会失去对肌肉活动的有效控制，神经元所释放的电信号向肌肉传递失败的概率非常高，从而造成神经－肌肉之间的精密互动联系难以建立。因此，在进行最大速度训练中，不应要求运动员竭尽全力，而是时刻提醒运动员“松一点”，以 97%~98% 的最大用力进行最大速度训练，因为运动员越竭尽全力，神经－肌肉之间的精密互动联系就越难以建立，最大速度训练的效果就会越差。

3. 注意动作幅度和节奏的变换

在高水平短跑运动员的训练中，经常会出现速度水平长时间徘徊不前、难以提高的现象，称为“速度障碍”。造成速度障碍的主要原因：运动员步频、步长、速度节奏的时空特征在训练中长时间处于相对稳定的状态，造成了中枢神经系统的动力定型和能量代谢的模式化。教练员应在训练中经常采用变换速度节奏、动作幅度和节奏的方式来帮助运动员避免和突破速度障碍。例如：在速度练习中，采用跑格、变速跑、阻力跑和助力跑等手段来改变运动员的步长、步频和速度节奏；在力量训练中，通过抗阻负荷重量和重复次数的变化来改变运动员的发力速度；在跳跃练习中，通过安排不同级数的单脚跳或跨步跳（三级、五级、十级）来改变运动员的动作幅度和发力方式，通过设计不同高度的跳深练习（30~120 厘米）来改变运动员的触地时间和腾空高度。

五、青少年短跑运动员力量训练

李 钊

短跑属于典型的爆发力项目，对于运动员的力量有着极高的要求。长期以来，能否对青少年短跑运动员进行力量训练、力量训练是否会导致过早的训练专门化，以及力量训练是否会影响青少年的生长发育等一系列问题一直困扰着众多教练员。实际上，前期已经有研究表明，大负荷或者过多的力量训练会导致青少年过度训练，力量训练本身并不是导致青少年受伤的最主要原因，错误的发力姿势、教练员缺乏有效的监督、训练器材的不适宜均可能是运动损伤的诱发因素。因此，青少年短跑运动员应科学合理地进行力量训练，既要充分发挥力量训练对于专项运动成绩的最大贡献程度，也要避免运动损伤的发生。

（一）力量素质的定义与分类

力量是人体对抗外部负荷或者阻力的能力，同时也是速度、耐力、灵敏等素质的重要基础。在诸多运动项目中，良好的力量水平不仅有利于运动表现的提高，还能预防运动损伤的发生。20 世纪 70 年代以前，很少有人认为抗阻训练可以提高青少年的力量水平，并认为随着身体生长发育的过程，力量水平才会得到提升。但从 1986 年开始的一系列研究已经表明，科学的力量训练计划可以使青少年从中受益。

按照外在的表现形式和内在的收缩力学特征可以将力量划分为多种类型，当前主要的划分类别有：按照运动项目宏观所需要的力量成分，可以分为一般性力量与专项性力量；按照体重的大小去评价一个人的力量，可以分为绝对力量与相对力量；按照不同项目对肌肉力量的要求特征或者力量本身的神经生理学特征，可以分为最大力量、快速力量、反应力量和力量耐力。本书主要从短跑专项力量的角度来对最大力量、快速力量、反应力量和力量耐力进行论述。

（二）影响力量素质的主要因素

1. 最大力量

最大力量是指肌肉做最大随意收缩所产生的张力。最大力量主要受到肌肉体积、随意激活能力、肌肉质量、肌纤维初长度、肌纤维数量、肌纤维类型，以及肌内、外协调性因素的影响。在以上影响因素中，肌肉体积、质量，以及肌内、外协调性属于后天可训练因素，训练实践中可以围绕这些因素进行训练计划的制订与实施。

2. 快速力量

快速力量也称速度力量，是指人体在尽可能短的时间内发出尽可能大的力量能力。在日常训练实践中，快速力量包含两种不同的力量形式，分别为启动力量和爆发力。根据“力量–时间”曲线关系，启动力量通常指前 50 毫秒所产生的力量，而爆发力则通常指 50~300 毫秒所产生的力量（图 5–1）。快速力量在一定程度上受最大力量的影响，但主要受到神经对肌肉支配能力的影响，具体表现为神经对肌肉的最大募集能力、神经发放冲动的能力，以及最大同步肌肉的能力。

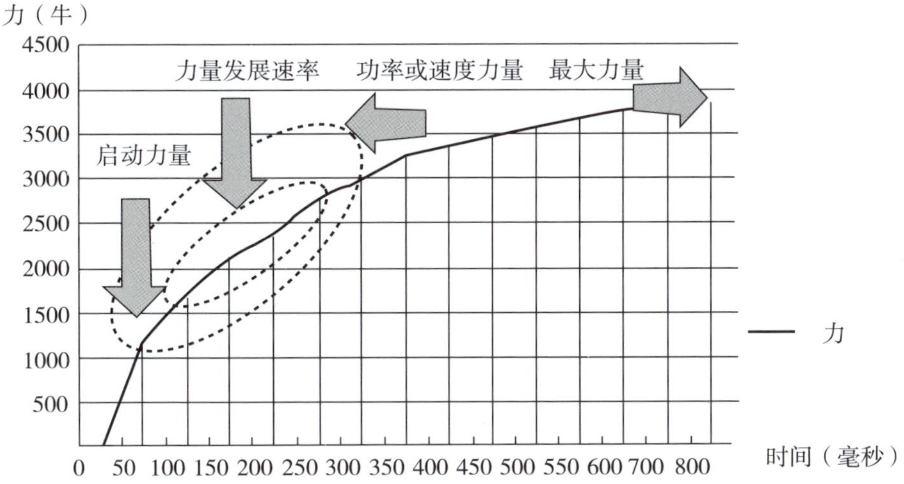

图 5–1　力量 – 时间曲线

3. 反应力量

反应力量也称为快速伸缩复合力量、拉长缩短周期力量或者超等长力量等，它具体指肌肉先进行离心拉长，紧接着做向心收缩所发出的最大力量。这一力量水平主要受到肌肉拉长过程所储存的弹性势能大小的影响。自 1972 年维尔霍山斯基提出反应力量应该作为一种单独的力量形式进行训练后，后期研究成果主要围绕反应力量的可训练性机理研究、运动员反应力量训练研究，以及青少年运动员反应力量训练的研究。需要注意的是，反应力量并不是离心收缩与向心收缩简单的相加，有研究提出，肌肉的反应收缩应该在最长 250 毫秒以内完成，如果时间超出这个范围，肌肉离心拉长所产生的能量就会减少甚至消失，肌肉所发出的力量也会减小。反应力量同样受到最大力量、快速力量，以及运动神经对肌肉的反射性调节等因素的影响。反应力量之所以引起训练学界的高度重视，主要是由于在众多运动项目中存在的肌肉收缩形式不仅仅是单纯性的向心收缩、离心收缩和等长收缩，尤其是在爆发力为主导的运动项目中，反应力量往往对运动成绩起着决定性的作用，如田径、球类及体操等项目的关键技术环节中。

4. 力量耐力

力量耐力是指长时间维持发力的能力。力量耐力主要表现在外部阻力负荷下，运动员克服自身的疲劳且需要完成大量的重复动作次数或者较长时间的持续用力的能力。按照施密特布莱希对力量耐力的研究，力量耐力应被规定为特定的运动持续时间为 2 分钟以内，负荷为 1RM 的 30% 以上。在这种环境下，人体需要尽可能快地发出最大力量且保持这种发力的能力不会出现明显降低。因此，按照实际运动过程中负荷的大小，力量耐力又被划分为三个类别，分别为最大力量耐力、次最大力量耐力和有氧力量耐力，其中最大力量耐力的负荷值控制在大于 75%1RM，次最大力量耐力的负荷值控制在 50%~75%1RM，有氧力量耐力的负荷值控制在 30%~50%1RM。影响力量耐力的因素有最大力量、肌纤维类型、血红蛋白、有氧和无氧代谢酶活性等，此外，协调能力也是影响力量耐力的关键因素。

（三）力量对短跑运动表现的重要性

在短跑训练实践中，人们通常根据 100 米节奏特征将其划分为起跑阶段、加速阶段、最大速度阶段和降速阶段。由于各个阶段的技术特征存在不同的特点，所以各个阶段对于专项力量的要求也各不相同。

1. 起跑阶段与爆发力

短跑运动员在起跑阶段必须从静止状态通过两腿快速蹬伸起跑器以获得最大的水平初速度。梅罗等认为，运动员在开始蹬起跑器时的肌肉兴奋性与蹬离起跑器时产生的力量与速度呈显著相关关系。在运动员开始蹬起跑器时所动员的肌肉依次包括后支撑腿臀大肌、半腱肌、股二头肌、股四头肌、腓肠肌，而前侧支撑腿主要是臀部肌群的积极伸展，股直肌主要在蹬伸阶段的后期被激活。根据我们前期的研究，高水平短跑运动员（平均 100 米成绩 10.51 秒）和中等水平短跑运动员（平均 100 米成绩 11.50 秒）后支撑脚的平均蹬伸时间分别为 0.216 秒与 0.251 秒，前支撑脚的平均蹬伸时间为 0.363 秒与 0.330 秒。从作用力的时间上来看，决定运动员蹬离起跑器速度的因素是在这个时间阶段内产生最大力的能力。前期也有研究认为，运动员蹬离起跑器时更大的平均力量以及更大的力量发展速率可以作为更快起跑速度的潜在解释机制。因此，在以提高起跑阶段速度能力时应着重提高运动员积极伸髋与伸膝的爆发力。

2. 加速阶段与最大力量

运动员在蹬离起跑器后进入途中加速阶段（0~30 米），运动员在这一阶段主要通过步长的增加获得一个良好的水平加速度，为途中最大速度阶段做准备。运动员在加速阶段由于着地时间较长，这样有相对足够的时间运用腿部伸肌（臀部肌群与股四头肌）收缩的最大力量完成蹬伸，该阶段肌肉的收缩形式属于向心收缩。因此该阶段运动员应该以增加着地时间获得较大步长，以及增加髋关节与膝关节的最大力量收缩能力来增加加速度。前期也有诸多研究认为，运动员加速阶段的运动成绩与深蹲 1RM 存在显著性的相关关系（0.71~0.94）。由此可见，最大力量在短跑加速阶段对运动成绩起着决定性作用。

3. 最大速度阶段与反应力量

短跑运动员在最大速度阶段（30~80 米）的主要目的是维持最大速度，运动员在这一阶段的着地时间相对较短，通常在 80 毫秒左右，运动员在如此短暂的着地时间内只能通过积极扒地使身体向前驱动。在着地阶段，运动员的髋关节（臀部肌群与腘绳肌）始终处于伸展状态，而膝关节与踝关节先进行屈曲，紧接着进行蹬伸动作，膝关节与踝关节的这种收缩形式属于典型的“拉长 – 缩短周期”（Stretch–Shorten Cycle，SSC），如图 5–2 所示，这一肌肉收缩形式所产生的力量也称为反应力量。

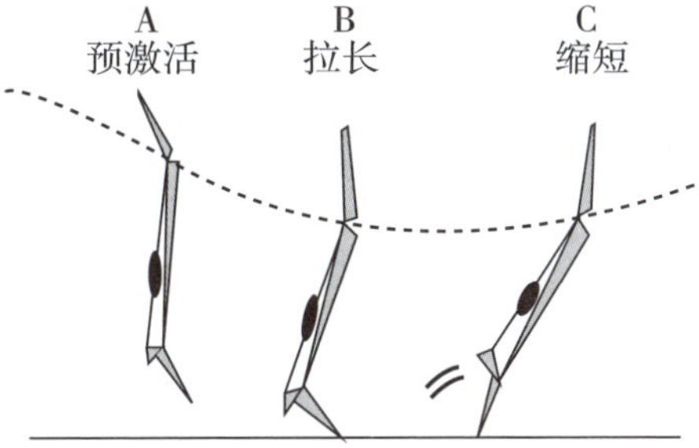

图 5–2　拉长 – 缩短周期

反应力量要求运动员以最快的速度进行神经肌肉收缩，因此它属于对神经肌肉系统的兴奋性要求较高的力量能力，且通常在训练过程中对神经肌肉系统的刺激强度很高。目前，一些基层教练员对于反应力量训练的认识还不够全面，主要体现在：第一，对于反应力量的本质与作用认识不够深刻；第二，对于反应力量的训练形式与负荷量度还缺乏足够的了解。以上存在的两个基本问题严重制约了青少年反应力量的有效发展。

反应力量本质上是一种单独的力量能力，广泛存在于跳跃、鞭打，以及跑步动作中，对运动成绩起着关键作用。从内在收缩机制上来讲，反应力量更加注重肌肉在离心阶段产生的弹性能量能够充分发挥到向心收缩过程中，从而更好地提高力量的产生效率。有研究认为,170 毫秒完成肌肉收缩是区分“短程式”与“长程式”的时间节点。例如，优秀短跑运动员在途中跑着地阶段膝关节与踝关节完成的肌肉收缩形式属于反应力量形式，而完成这一力量收缩过程的时间仅为 80 毫秒,这对于短跑运动员途中跑阶段反应力量训练提出了较高的要求。如果在训练实践中，没有针对运动项目的专项特征进行相应力量训练，可能会导致运动员在很大程度上不符合专项的要求，甚至背离了专项特点，从而对运动成绩产生负面影响。前期已经有诸多研究表明，青少年时期是发展神经调控能力的关键时期，神经调控能力的良好发展有助于在反应力量训练过程中的起跳时间以及协调性的发展。由此说明青少年短跑运动员的力量训练应该以反应力量训练为主。

4. 降速阶段与爆发力耐力

在 100 米比赛过程中，多数运动员在 80~100 米处于降速阶段，造成降速的原因主要来自两个方面：第一，人体在此阶段乳酸供能系统供能占主导，由此产生的乳酸堆积造成肌肉疲劳；第二，中枢神经系统的疲劳导致了运动员步频的下降。当前，世界高水平短跑运动员中平均采用 45 步跑完全程，每一步都意味着肌肉的快速收缩,前期有研究认为肌肉长时间连续克服阻力的能力称为力量耐力,将爆发力耐力的时间界定为＜ 30 秒。发展短跑运动员的爆发力耐力主要是增加肌肉中毛细血管的数量和肌红蛋白的含量，改进输氧功能，提高糖酵解的能力，增大其承受氧债的能力，从而使短跑运动员在比赛后程不会出现的较大幅度的降速。

5. 全程速度与核心力量

在人体高速跑动的过程中，身体各个环节以及肌肉用力方式都是在不断的运动过程中来完成肌肉收缩。也就是说，在跑动过程中，身体所表现出来的动作都是在不稳定的状态下完成的，决定身体在运动中稳定性的关键部位就是人体的躯干，包括髋关节和大腿。运动过程中所表现出来的不稳定性使肌肉与在平时相对静止的训练条件下发力状态并不相同。相对稳定条件下的训练并不满足跑动专项过程中的用力要求，因此在训练实践中还需要在不稳定的状态下进行人体稳定性力量的训练。

核心力量主要是指人体髋关节、腹部，以及腰部的相关肌肉群所产生的力量。核心力量训练作为传统力量训练的一种补充训练方法，其作用主要表现在以下三个方面。第一，能够提高人体在不稳定状态下的发力效率。前期有研究认为，核心稳定性是人体核心部位相关肌肉群在运动过程中能够稳定身体动作姿势，更好地为力量的传递起到稳定的作用，避免力量或者能量在传递的过程中由于不稳定因素而造成传递效率降低。通过核心力量训练可以使运动员在运动过程中增强稳定性和控制能力，从而为身体更好地发力创造有利条件。第二，能够提高诸多运动项目主要发力肌群的力量水平。人体核心部位具有强大的肌肉群，如腹肌、臀大肌、髂腰肌、腘绳肌等，这些肌群是跑、跳等项目的主要发力肌群，因此，通过对这些肌群进行力量训练可以显著提高运动员的运动成绩。第三，核心力量可以预防运动损伤。核心力量训练的最初阶段是采用等长训练法，等长训练法的优点是肌肉能够承受负荷较大，在进行等长练习时神经细胞对血管的压力增大，影响肌肉的血液和氧气供应，从而对肌肉无氧代谢能力的提高、肌红蛋白含量的增加，以及毛细血管的增生均有良好影响。同时，对于肌膜的增厚、抗张强度的增强均有良好作用。核心力量训练强调深层小肌群的训练，在一定程度上弥补了传统训练过于注重浅层大肌肉群的训练而容易导致深层肌群力量不足而受伤的缺陷。

（四）青少年短跑运动员不同力量训练方法

由于短跑运动属于爆发力项目，因此短跑成绩与力量的关系以及相应的力量训练一直是研究关注的重点内容之一。分析研究表明，下肢力量的增强对于短跑运动成绩的提高具有积极迁移的作用，在关于下肢力量与短跑成绩的 67 项研究中，有 57 项研究表明两者存在中度和高度的相关关系，而其中 44 项研究表明两者存在高度相关关系。由此可见，力量训练是提高短跑成绩的重要训练内容。近年来，教练员不仅认识到基础力量训练的重要性，同时也更加重视运动项目专项力量对于运动成绩提高的关键作用。有研究认为，在短跑项目中，专项力量对短跑成绩的贡献率高达 85%。在进行青少年短跑运动员的力量训练过程中，一方面需要我们根据短跑的技术特点进行相应不同性质的力量训练；另一方面通过多种力量训练的安排可以促进青少年短跑运动员的全面发展，为将来高水平发展打下坚实的基础。

1. 爆发力训练方法

由于各个运动项目都需要一定的爆发力，且爆发力的表现形式不同，因此根据肌肉张力的变化程度及相应动作的基本模式，可以将爆发力分为强制性爆发力（抓举、高翻）和末端释放爆发力（跑、跳、投掷）。其中，末端释放爆发力具体指人体在尽可能快地发出力量的同时，将自身或者负重释放的训练方法。在短跑训练实践过程中，教练员通常使用抛实心球、立定跳远及负重杠铃跳等训练手段有针对性地提高运动员起跑过程的爆发力。例如，前抛实心球是专门针对起跑速度进行训练的一种方法，这一训练方法在动作形式上类似于起跑的专项动作，具体要求是运动员双手抱实心球于腹前，两脚前后站立，距离与起跑时两脚距离接近，两脚用力向前上方蹬离地面，同时双手顺势将实心球向前上方抛出。立定跳远也是专门针对运动员起跑时两脚同时快速用力蹬离地面的训练手段，这对于起跑速度的提高同样具有重要作用。

训练负荷是影响末端释放训练效果的关键因素，主要分为两种：一是使用小负荷来提高肌肉的收缩速度；二是通过大负荷来提高肌肉的收缩力量。就小负荷强度而言，末端释放训练使用 0~60%1RM 来进行训练是较为适宜的。在这一强度下，运动员可以尽可能地保持肌肉的专项收缩速度。而通过大负荷强度来进行爆发力训练一般控制在 75%~80%1RM 以上，这种训练通常是通过提高运动员的最大力量来提高爆发力，但是值得注意的是使用 75%~80%1RM 的负荷强度进行训练危险系数较高，在基层训练中并不建议使用这一手段，通常大负荷末端释放训练应在专门的训练设备上进行。

表 5-1 是针对爆发力训练常用的训练方法，从中可以看出，在进行爆发力训练时，训练重复次数偏少（＜10 次），训练组间歇时间较长（＞3 分钟），主要的目的是保证运动员在不疲劳的情况下能够发挥出最大的动作速度。

表 5-1 爆发力训练方法示例

训练方法	训练目标	收缩方式	负荷强度	用力方式	次数	组数	组间歇
快速训练法Ⅰ	神经支配	向心	30%~50%	爆发式	6~10	3~6	＞2 分钟
快速训练法Ⅱ	神经支配	向心	40%~60%	爆发式	5~8	3~5	＞3 分钟
次最大力量法	神经支配	向心	75%~90%	快速	3~5	3~5	＞3 分钟

（引自：陈小平．竞技运动训练实践发展的理论思考［M］．北京：北京体育大学出版社，2008.）

因此，在进行提高起跑爆发力的训练中，首先应选择符合起跑技术模式的训练手段，如前抛实心球、立定跳远等。其次要注意训练负荷的强度以及间歇时间。只有科学地确定好训练方法的各个变量，才能取得良好的训练效果。

2. 最大力量训练方法

最大力量对于短跑的贡献主要体现在加速阶段。短跑运动员在加速阶段主要通过股四头肌与伸髋肌群驱动身体向前运动，训练实践与理论研究表明 1RM 深蹲（低杠位、高杠位）增加了运动员在蹬伸过程中伸髋与伸膝的力量水平。通过提高神经对肌肉的募集与动员能力来增加最大力量的训练也被称为神经元激活训练。高强度的抗阻训练导致的神经性适应主要表现在以下四个方面：第一，增加运动单位的释放频率，使之前未被动员的运动单位得到动员；第二，提高运动单位动作电位释放的同步性，使肌纤维的收缩更加快速与协调；第三，增加了 V 波与 H 反射的量度，使刺激在神经元池传输的速度更快；第四，降低拮抗肌的激活程度。所以，由传统抗阻训练所导致的神经适应性的改变可以帮助短跑运动员在加速过程中提高神经对于肌肉的快速动员能力、肌纤维收缩的协调能力，以及降低拮抗肌对于主动肌的抑制作用。当前有关最大力量的训练方法如表 5-2 所示。

表 5-2 最大力量训练方法

训练方法	训练目标	收缩方式	负荷强度	用力方式	重复次数	组数	间歇
等长训练	横断面	静力	100%	静止	10~12	3~6	＞3 分钟
金字塔训练	横断面	向心	60%~70%~80%~90%~95%	匀速	5~20	3~5	＞3 分钟

续表

训练方法	训练目标	收缩方式	负荷强度	用力方式	重复次数	组数	间歇
中负荷训练	横断面	向心	50%~60%	快速	10~25	3~6	＞3 分钟
健美训练 I	横断面	向心	60%~70%	匀速缓慢	10~25	5~7	＞2 分钟
健美训练 II	横断面	向心	80%~95%	匀速缓慢	5~8	4~6	＞3 分钟
次最大训练法	横断面	向心	75%~90%	匀速	8~12	3~5	＞3 分钟
离心训练法	神经支配	离心	120%~150%	匀速缓慢	1~5	3~6	＞5 分钟
最大力量训练法	神经支配	向心	95%~100%	匀速	1~3	4~6	＞5 分钟
次最大训练法	神经支配	向心	75%~90%	匀速	3~5	3~5	＞3 分钟

（引自：陈小平．竞技运动训练实践发展的理论思考［M］．北京：北京体育大学出版社，2008.）

从以上最大力量训练方法中可以看出，提高最大力量主要围绕着提高神经肌肉的支配能力和增大肌肉的横断面积两个方面，在以提高肌肉横断面积的训练中，由于青少年运动员荷尔蒙激素水平较低，导致刺激肌纤维横断面积的能力较弱，试图通过该方法来提高青少年短跑运动员的力量水平效果可能并不明显。在以提高神经支配能力的最大力量训练中，由于训练负荷的强度较高，这对于处在生长发育阶段的青少年来说，可能会影响正常生长发育。因此建议青少年短跑运动员在 16 岁以后再采用以上方法来训练最大力量。

3. 反应力量训练方法

反应力量的训练方法多种多样，但在短跑训练实践中主要以克服自身体重的跳跃练习作为专门性的训练方法。常采用的训练手段包括立定 1~10 级跳远、多级单足跳、跨步跳、多级蛙跳、跳栏架、跳台阶、各类跳箱、各种蹲跳、垫步跳等。

反应力量是一种强度较高且对神经肌肉系统刺激较大的力量能力。在进行反应力量训练时，负荷强度对训练效果也具有重要的影响，负荷强度过小不能很好地提高反应力量水平，负荷强度过大则会导致踏跳时间过长，破坏了肌肉拉长－

缩短过程的连续性。在青少年阶段应建立良好的踏跳时间感觉、各个肌肉协调发力的感觉，以及正确的跳跃动作，为将来更高水平反应力量发展奠定扎实的基础。表 5-3 是关于反应力量的训练方法。

表 5-3 反应力量训练方法

训练方法	训练目标	收缩方式	强度	用力方式	次数	组数	组间歇
跳深	反应力量	离心－向心	40~60 厘米	连续	8~12	4~6	＞2 分钟
连续跨跳	反应力量	离心－向心	30~50 厘米	连续	6~10	3~5	＞1 分钟
单足跳	反应力量	离心－向心	中、大	连续	10~20	3~5	＞1 分钟
快速训练法	神经支配	向心	75%~90%	爆发式	6~10	3~6	＞2 分钟

（引自：陈小平．竞技运动训练实践发展的理论思考［M］．北京：北京体育大学出版社，2008.）

青少年短跑运动员反应力量训练的负荷量度与强度是目前存在的一个重要问题。在实际反应力量训练中，跳跃性的练习作为主要的训练手段，跳跃的距离通常是负荷量度的衡量指标，跳跃的高度、速度及远度是负荷强度的重要参考指标。然而在训练实践中，教练员不能单纯盲目追求负荷量度或者负荷强度的过分增大，一方面，跳跃的距离增大会影响运动员跳跃的高度、速度及远度，从而导致训练质量的下降；另一方面，跳跃强度（高度、速度、远度）的过分增大不仅不会对反应力量的提高有所帮助，还会影响神经肌肉的收缩形式，容易造成青少年运动员在跳跃过程中产生跳跃速度的缓慢、离心收缩与向心收缩的停顿，这显然已经失去了反应力量训练的实际意义。

4. 爆发力耐力训练方法

运动员爆发力耐力越好，其降速程度就越低，在整个降速阶段，运动员主要采用“扒地技术”来驱动身体往前移动，因此在进行爆发力耐力训练时可选择低强度的抗阻训练来进行相应肌肉群的训练，比如负重杠铃快速后蹬跑、负重提踵脚踝训练等。

爆发力耐力训练最根本的条件是在较之比赛条件下更高的阻力中达到最大负荷量，这种负荷量关键在于肌肉张力要略高于比赛特定条件下的平均值。在短跑训练中，不一定都得克服制动阻力，也可以通过提高每个动作周期的用力程度，使之超过比赛要求的方法。当前为保证爆发力耐力训练动作速度满足专项的特征，通常采用低强度抗阻来进行训练，主要有两种训练方法，第一种为 30%~40%1RM 强度，重复次数在 30 次以上，训练组数为 4~6 组；第二种为 40%~70%1RM 强度，重复次数在 20 次以上，训练组数为 3~5 组。两种训练方法的训练重点各有不同，第一种主要应用于专项力量的训练中，比如负重杠铃快速后蹬跑；第二种由于负重偏大则主要应用于基础力量的训练中，比如负重提踵脚踝的训练。需要明确的是，短跑运动属于速度类项目，在进行爆发力耐力训练时，还应注意要求运动员不应降低动作速度为主，同时组与组之间的间歇时间不能过长，应小于 2 分钟。

5. 核心力量训练方法

核心力量训练的方法主要包括两个部分，分别是核心稳定性训练与核心力量训练，这两方面的训练都是在不稳定的状态下训练运动员稳定的发力能力。在进行核心力量训练时应该遵循循序渐进的原则，可以先进行核心稳定性训练，在此基础上再进行核心力量的训练。在进行核心稳定性训练时可以采用瑞士球、平衡板、悬吊绳及单腿站立等形式进行练习，在进行核心力量训练时则可以在核心稳定性训练的基础上增加负重来进行练习。在进行核心稳定性训练时，通常每个练习持续 1 分钟，间歇 1~2 分钟，组数控制在 4 组左右。在进行核心力量训练时，每个练习可以控制在 6~8 次，4~6 组，组间歇时间在 2 分钟左右。

（五）青少年短跑运动员力量训练应注意的问题

1. 注意力量的全面发展

青少年短跑运动员在力量训练时，既应发展大肌肉群的力量，也应注意发展小肌肉群的力量；既应发展下肢肌肉力量，也要发展上肢肌肉力量；既应发展反应力量，也应该注重肌肉耐力的发展；既应注重发展一般性的腰腹核心力量，也要逐步从一般性力量过渡到专项力量中。力量的全面发展可以为后期建立良好的力量水平奠定基础，同时也可以很好地避免力量训练单一化造成运动损伤的风险，防止运动员产生疲劳与厌倦感。

2. 避免过大的负荷重量

青少年的椎骨尚未完全骨化，髋骨是由髂骨、坐骨及耻骨 3 块骨以软骨连接起来，到 15~16 岁才能愈合，股骨还存在骺软骨，承受外力的能力相对较差，维持足弓的肌肉和韧带较弱。因此在青少年时期不应该过早地进行过大负重力量训练，长期高强度的力量训练容易导致早期训练的专门化，造成脊柱变形、腿型异常、足弓下降等。青少年通常在 10 岁以前可进行一些以克服自身体重为主的力量训练，12~13 岁可以采用一些抗阻力量训练，比如弹力带、实心球等。当青少年的身体素质在全面发展的基础上，可以循序渐进地增加较大重量的训练，这一年龄应当在 15 岁以后，且应变换多种练习形式，不能长期采用单一训练方法手段。

3. 养成正确的技术动作

在没有建立正确的技术动作前提下进行力量训练极易造成运动损伤，因此在进行力量训练之前应确保青少年运动员具备了正确的技术动作。良好的技术动作也是提高力量训练质量的重要保证。前期有大量研究表明，青少年运动员在力量训练的过程中出现损伤主要是由于缺乏教练员有效的监控、训练器材与负荷选择的不恰当等因素造成的，力量训练本身并不是导致运动员受伤的主要原因。因此，青少年短跑运动员在进行力量训练时，教练员不仅要教会每一个训练手段的技术动作要领、注意事项，还要不断提醒运动员体会肌肉的发力模式，从而养成正确的力量训练动作。

4. 注重力量发展的敏感期

在儿少时期，发展静力性力量的敏感期是 13~16 岁，男性主要集中在 14~15 岁，女性主要集中在 11~13 岁。速度力量的发展早于绝对力量的发展，有研究表明，男性腿部爆发力的发展敏感期是 12~17 岁，女性的发展敏感期在 10~12 岁。这也说明女性的爆发力应早于男性。在力量耐力方面，男性在 7~17 岁处于快速发展时期，而女性在 13 岁以后增长缓慢，14~15 岁甚至出现下降，说明男性在 7~17 岁应重点发展力量耐力，女性在 13 岁以前应该进行更多的力量耐力训练。因此，只有掌握了青少年力量能力发展的敏感期，才会更大程度的发展运动员地力量能力，从而取得最佳的训练效果。

六、青少年短跑运动员速度耐力训练

李　钊　姜自立

速度耐力是运动员从事所有竞速类项目必须具备的重要运动能力，也是进行运动能力研究的重、难点问题。目前，学术界对于速度耐力的研究主要是针对竞技运动训练实践中的方法来进行的。然而，不同的运动项目具有各自的特点，对速度耐力的要求不同，各项目在训练实践中的侧重点也就不相同。只有针对运动项目的特点进行速度耐力训练，才能形成该项目运动员所需要的速度耐力能力，从而提高运动成绩。青少年短跑运动员作为培养高水平运动员的后备人才力量，在专项速度耐力训练方面仍存在许多误区与不足，这严重制约了他们竞技能力的长期发展及运动水平的逐步提高。此部分探讨的内容，是在正确把握速度耐力的定义、内涵，以及影响因素的基础上，按照青少年身体发育特征、规律，结合短跑专项特征需求，介绍速度耐力的专项训练方法，以期为青少年短跑运动员速度耐力的提升提供科学有效的指导。

（一）速度耐力定义及影响因素

速度耐力属于综合的运动能力，既要求运动员具备良好的速度能力，又要求运动员能够长时间地保持这种速度的能力。民主德国哈雷在其第一本训练学专著中将速度耐力定义为：当负荷达到次最大和最大强度并主要是以无氧代谢获取能量时的抗疲劳的能力。这就是说在周期性运动项目的短距离中所达到的前进速度不必由于出现疲劳或抑制现象而过分减慢。我国运动训练学对于速度耐力的定义为：机体以无氧代谢为主要供能形式，坚持较长时间工作的能力。

从能量供应统一体来看，人体在运动过程中无论是短时间快速运动还是长时间持续运动，有氧与无氧供能都同时存在，只是供能的比例不同而已。当人体在快速运动的过程中由于缺氧（通常大于 6 秒），此时开始以无氧糖酵解供能为主，通过分解肌肉或者血液中的葡萄糖，以及一系列的化学反应，生成乳酸、水和能量，然而生产的乳酸又经过三羧酸循环生成新的能量和氢离子，氢离子的增加会降低血液的 pH 值，乳酸生成越多，酸性环境越强烈。尽管人体存在着缓冲对，但当生成的氢离子足够多时，会明显抑制肌肉的收缩能力。从供能形式来看，速度耐力主要是以糖酵解供能为主的无氧耐力，从运动能力的从属范畴来看，速度耐力又属于耐力素质。

当前学术界对于速度耐力的影响因素还不十分明确，从其生物学基础来看，首先是肌肉内无氧糖酵解的能力，前期有研究认为，优秀短跑运动员腿部肌肉中的乳酸脱氢酶 LDH 的活性最高，中跑运动员居中，长跑运动员最低。其次是缓冲乳酸的能力，人体体内存在着多种缓冲物质可以中和血液中的酸性物质，以降低氢离子对人体运动能力的抑制作用。有研究表明，虽然训练并不能导致体内缓冲物质的增加，但是促使 H_2CO_3 分解的碳酸酐酶活性却明显增加，加强了对酸性环境中和的能力。最后，由于速度取决于人体神经系统对于肌肉发放神经冲动的能力，在运动过程中，肌肉产生大量乳酸会进入血液循环，进而影响大脑细胞的工作能力，因此，大脑细胞的耐酸能力也是速度耐力的影响因素。除此之外，有氧能力也是发展速度耐力的基础，在发展速度耐力的同时应予以足够重视。

（二）速度耐力对短跑运动表现的重要性

在 100 米的比赛中，通常按照速度的变化特征将其划分为起跑阶段、加速阶段、最大速度阶段以及降速阶段。图 6-1 是关于不同水平运动员在 100 米比赛中速度变化的对比曲线，从图中可以看出，所有运动员在 80~100 米阶段均出现了降速，但是相对低水平的短跑运动员较之高水平短跑运动员的差距主要体现在降速阶段的降速幅度上，前者明显大于后者。究其原因，主要取决于短跑运动员的速度耐力水平。前期也有诸多研究认为，降速幅度是决定短跑运动表现的关键因素之一。比如，在 100 米比赛中，速度耐力占整个成绩比重的 35%，而以糖酵解供能占整个供能比例的 50% 左右，这足以说明速度耐力对于 100 米成绩具有重要影响。此外，在以相对距离较长、速度不是最大速度进行速度耐力训练时，能够很好地贯彻“以长带短”的训练理念，避免长期进行绝对速度训练而导致“速度障碍”的产生。由此可以看出，教练员在青

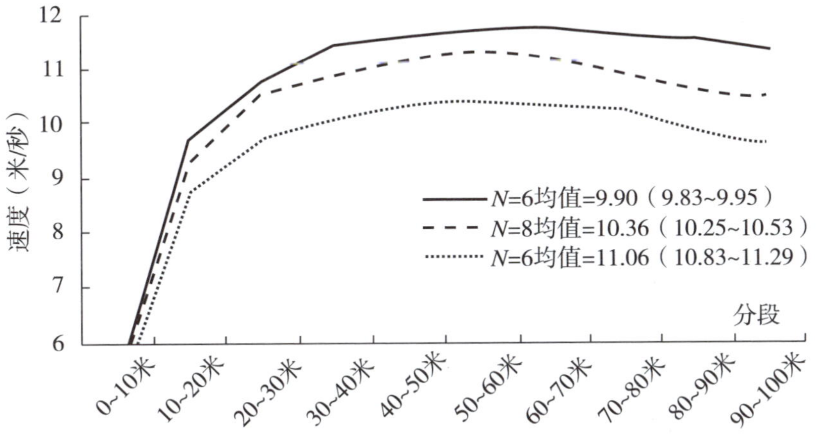

图 6-1　不同水平 100 米运动员速度 – 距离曲线关系

少年的短跑训练中，应该更加注重速度耐力的训练，这是青少年运动员能够维持长期多年运动生涯的重要保证，也是促进运动成绩稳步提高的重要基础。

还需要指出的是，我国部分基层教练员在进行青少年短跑训练时过分强调负荷强度，盲目追求训练时的速度，要求凡是跑的专项训练课中均需穿钉鞋，百分之百努力完成训练内容，这一现象也充分说明了我国青少年短跑运动员的速度耐力训练依然存在较大问题。这一方面取决于部分教练员对于短跑项目特征缺乏深入了解，忽视了运动员降速阶段的能力所需；另一方面则取决于部分教练员对速度耐力训练方法、手段的目的与作用并不十分明确，造成了长期使用单一方法和手段来发展其绝对速度，导致训练水平过早地停滞不前，出现速度障碍。速度耐力作为短跑项目的关键运动能力，对于运动成绩具有重要的影响作用，因此，在青少年短跑速度耐力训练实践中，应充分考虑青少年运动员的骨骼、肌肉、心肺功能等成长发育规律，从而安排相应的以提高速度耐力能力的训练内容、方法与手段。

（三）当前短跑速度耐力训练的理念及对青少年训练的启示

当前对于速度耐力当作一种专门的运动能力进行的研究还相对匮乏，但在短跑训练实践中，针对提高短跑运动员的速度耐力，主要存在两种训练理念，一种是高强度训练模式，另一种是高量训练模式。从宏观角度来讲，在以提高速度耐力的高强度训练模式是指运用百分之百的强度完成训练内容，训练内容的次数或者组间歇时间相对充分，主要追求训练的强度；在以提高速度耐力的高量训练模式是指运用中高强度的负荷完成训练内容，训练内容次与组间歇时间相对不充分就开始下一组的训练。但实际上，两种训练模式所产生的训练效应是不同的，高强度模式主要提高了运动员缓冲乳酸的能力，而高量模式则主要提高了运动员耐乳酸的能力，然而，这两种训练模式在当今训练实践中仍然存在较大的争议。

主张高强度训练模式的教练员认为，短跑项目属于极限强度的运动，在训练中应该不断突破生理极限，这样的训练才能不断提高运动成绩。不可否认，前期诸多研究已经表明了高强度训练对于不同水平运动员均产生了良好刺激反应，主要表现在延长了运动员疲劳的时间，提高了通气阈、肌肉缓冲乳酸的能力以及最大摄氧量速度等，但是这些研究的持续时间相对较短（2~10 周），关于高强度训练所引起的运动员长期生理适应性机制当前还不明确，未来还有待进一步研究。尽管运动员短期进行高强度训练导致身体产生了一系列积极变化，但这种模式同样导致了肌肉微细结构的损伤和代谢功能的异常。在骨骼肌结构方面，这些损伤包括Z盘加宽、Z盘流和整个收缩装置在Z线水平的完全消失，A带成分也发生变化，主要表现为肌球蛋白的损伤。在骨骼肌代谢方面，主要表现为氧自由基增多，造成膜脂质过氧化加强，肌细胞膜渗透性增加、钙离子转运能力下降、线粒体功能异常，以及生成其他毒性代谢产物增多。

主张高量训练模式的教练员则认为，短跑的速度耐力对于成绩的获得具有关键作用，集中于最大速度的训练并不能有效提高短跑成绩，且容易形成速度障碍甚至造成运动损伤的发生。对于青少年短跑运动员而言，通过高量、中等强度的训练模式来提高速度耐力是较为适宜的。在运动系统中，由于青少年骨密质相对较低，骨骼的硬度和张力相对较弱，不适宜做长时间的大负重训练，长期单一大负荷的训练容易导致骨骼的弯曲和变形，下肢负担过重或者过于集中同样可以促其骨化的早期完成，也会影响日后的身高；青少年构成关节的关节面较成年人大，关节面软骨较厚，关节囊和关节内外韧带松弛、薄弱，关节周围肌肉细长，稳固性和牢固性较差，长期大强度训练易造成关节损伤；速度耐力的能力主要取决于心血管系统的影响，它本身又是人体发育完成最晚的系统之一。处在青少年阶段的心脏形态结构具有明显的特点，主要表现为：心肌纤维短而细，弹力纤维分布较少，心脏瓣膜发育尚不完善，心脏重量及容积比成年人小，致使其收缩力量较弱，心脏的每搏输出量和每分输出量皆小于成年人，心搏频率快。这些特点决定了青少年短跑运动员不宜长期进行负荷强度较大的速度耐力训练。

从前期的研究来看，有氧耐力发展的敏感期，男性在10~17岁，女性在9~14岁及16~17岁，在这一年龄段进行有氧练习，其强度中等，可以较早进行，特别是在青春期予以重点发展。青少年在达到16~18岁以后骨骼、肌肉以及最大肺通气量、最大吸氧量才达到一个相当的水平，可以逐步增加高强度的速度耐力训练。

（四）青少年短跑运动员速度耐力训练的常用方法

1. 速度耐力训练方法

（1）间歇训练法

间歇训练法通常指多次重复完成同一训练内容，在次与次之间和组与组之间安排不充分的休息时间的一种训练方法。间歇训练法最主要的特点是让身体在不完全恢复的状态进行下一次的练习，对于提高人体心脏的每分输出量，心脏的收缩能力以及运输血液的能力具有明显作用。我国运动训练学对间歇训练法的分类主要有三种，分别是高强性间歇训练法、强化性间歇训练法和发展性间歇训练法，这三种训练方法各自具有不同的特点，训练目的也各不相同，具体如表 6–1 所示。

表 6–1　间歇训练法

要素	类型			
	高强性间歇训练法	强化性间歇训练法		发展性间歇训练法
		A 型	B 型	
负荷时间	＜ 40 秒	40~90 秒	90~180 秒	＞ 5 分钟
负荷强度	大	大	较大	中
心率指标	190 次	180 次	170 次	160 次左右
间歇时间	很不充分	不充分		不充分
间歇方式	走、慢跑	走、慢跑		走、慢跑
每次心率	120~140 次	120~140 次		120 次
供能形式	糖酵解供能为主的混合代谢供能	糖酵解供能为主的混合代谢供能		有氧代谢为主的混合代谢供能

（引自：余银，胡亦海 . 运动训练学［M］. 北京：高等教育出版社，2019.）

从表中可以看出，高强性间歇训练是一种可以有效发展磷酸原和糖酵解混合代谢系统供能能力的训练方法，这一方法可以应用于周期类竞速项目中，如短距离跑 100 米、200 米项目中，也可以应用于团体球类项目中，如足球、篮球等。相比于高强性间歇训练，强化性间歇训练强度相对小一些，持续负荷的时间也相对较长，其中 A 型强化性间歇训练有利于提高糖酵解供能能力，而 B 型强化性间歇训练有利于提高糖酵解系统与有氧代谢混合供能能力，这一方法所针对的运动项目有径赛类 800 米、1500 米，游泳类 400 米，以及赛艇 500 米等。发展性间歇训练属于间歇训练中强度最小的训练方法，主要针对以有氧代谢为主要供能形式的运动项目，广泛应用于体能主导类耐力性项群，如径赛 3000 米、5000 米，游泳 1500 米，以及赛艇 2000 米等。

（2）重复训练法

重复训练法是指多次重复同一训练内容，其间安排充分的休息时间。此方法与间歇训练法的不同点在于间歇时间是否充分。该方法的具体特点主要表现为每一次训练的负荷强度都要最大，由于保持最大强度训练，所以练习距离与持续时间相对较短，每一次都要求运动员充分休息。按照训练的强度、间歇时间、供能形式，重复训练法又可分为短时间重复训练法、中时间重复训练法和长时间重复训练法，各训练方法的具体特点如表 6–2 所示。

表 6–2 重复训练法

要素	类型		
	短时间重复训练法	中时间重复训练法	长时间重复训练法
负荷时间 / 秒	＜6	6~30	30~120
负荷强度	最大	次大	较大
间歇时间	相对充分	相对充分	相对充分
间歇方式	走、按摩	走、坐、按摩	走、坐、卧、按摩
供能形式	磷酸原供能为主的供能	磷酸原和快速糖酵解供能为主的混合代谢供能	以磷酸原和慢速糖酵解代谢为主的混合代谢供能

（引自：余银，胡亦海．运动训练学［M］．北京：高等教育出版社，2019.）

从表 6–2 可以看出，重复训练法主要是以提高磷酸原和糖酵解供能能力的训练方法。根据各个训练方法持续时间、负荷强度以及供能形式的不同，三种训练方法主要针对的运动项目也不尽相同，短时间重复训练法主要针对一次性持续负荷强度大、持续时间短、间歇时间充分的运动项目，比如田赛的投掷类项目、跳跃类项目，拳击的各种出拳动作，通过该训练方法可以有效提高运动员的磷酸原系统供能能力；中时间重复训练法主要针对周期类竞速项目，如径赛 100 米、200 米，持续负荷的时间在 6~30 秒，练习时，负荷距离与持续时间可稍长于专项比赛距离与时间，通过该方法可以有效提高磷酸原与糖酵解混合供能条件下的速度能力、速度耐力以及机体耐酸能力；长时间重复训练法由于负荷持续时间相对较长，主要发展以慢速糖酵解供能为主的速度和力量耐力，以及机体耐酸能力，如径赛 800 米、1500 米等。

2. 青少年短跑运动员速度耐力训练方法

间歇训练法与重复训练法作为速度耐力一般性的通用训练方法为青少年短跑运动员进行速度耐力训练提供了理论基础和应用工具，然而，青少年短跑运动员在进行速度耐力训练时还应该结合年龄、水平，以及项目特征进行相应的速度耐力训练的安排。

短跑运动员在进行速度耐力训练时主要采用的练习手段是各种跑的练习，这样能够最大限度地满足专项技术与速度的要求，提高训练的针对性，也能更好地达到训练的效果。

青少年短跑运动员在进行速度耐力训练时，专项距离越长的运动项目，其相应的训练强度就越低，在 100 米、200 米以及 400 米中，100 米强度最高，其次是 200 米，最后是 400 米。由于青少年运动员的运动器官、心血管呼吸系统正处于生长发育期，应尤为注重采用平均训练强度来发展速度耐力。有研究认为，发展无氧糖酵解耐力的练习强度应为 75%~90% VO_2max。周振平等认为，速度耐力训练应采用 85%~90% 的强度，心率达 160~180 次 / 分。因此，青少年速度耐力的平均训练强度可以保持在 80% 最大速度左右，心率维持在 160 次 / 分左右是较为适宜的。

青少年短跑运动员速度耐力训练时的距离与持续时间也是影响训练效果的关键因素。通常专项距离越长的运动项目，训练距离与持续时间也就越长。前期有研究表明，当人体尽最大可能完成 600 米跑时，有氧与无氧供能的比例各占 50%，也就是说在以偏重有氧供能能力的训练中，应采用 600 米以上的距离，而偏重于糖酵解无氧耐力的供能能力时，应采用 600 米以下的距离。这提示我们在训练中可以采用 600 米以下的距离来发展青少年短跑运动员的速度耐力。从运动的持续时间上来讲，有研究认为，当人体尽最大可能完成 75 秒的运动时，有氧供能与无氧供能的比例各占一半，这一研究实际上与全力跑 600 米的持续时间相差不大，因此 75 秒的全力运动可能是一个速度耐力训练的参考点，在以主要发展有氧供能能力时，可以选择大于 75 秒的全力运动，而以主要发展糖酵解供能能力时，应选择小于 75 秒的全力运动。前期的研究为我们进行速度耐力训练提供了一定的理论基础，我们在青少年进行训练时可以参照练习距离为 100~600 米，持续时间为 12~75 秒来发展速度耐力。

间歇时间也是影响速度耐力训练的较为重要的因素。间歇训练法与重复训练法最主要的区别也在于间歇时间是否充分，间歇时间充分，可以保证下一次或组的训练强度保持在较高的水平；如果间歇时间不充分，可能会影响下一次或组的训练强度。在训练实践中，通常采用中时间重复训练法（较高的强度、较充分的休息时间）来发展运动员冲乳酸的能力，采用高强性间歇训练或者强化性间歇训练（较高的强度、不充分的休息时间）来发展运动员耐乳酸的能力。已有的研究表明，运动员进行全力 30 秒的跑步后，大约消耗了 83% 的磷酸肌酸储备，在接下来的恢复中，需要 4 分钟左右的时间才能使消耗掉的磷酸肌酸恢复至训练前的水平。同时也有研究表明，运动员在通过高强度训练之后，肌细胞产生的氢离子通过血液循环排除细胞外的时间大约为 4 分钟，因此，不管从能量物质储备的恢复还是代谢产物的清除，4 分钟是一个比较关键的时间节点，这也提示我们在进行高强度训练时可以安排 4 分钟的间歇时间以保障下一次或组的训练质量。

在进行速度耐力训练的过程中主要存在两种恢复方式，分别是主动恢复与被动恢复。有研究表明，相比于主动恢复，通过 40%~50%VO_2max 强度的活动，乳酸的氧化速率是安静时的 3.5 倍；该强度的练习也可以显著加速血乳酸的清除速度，提高磷酸肌酸的合成速率，延长力竭运动的恢复时间。主动恢复过程中肌糖原的再合成率明显大于被动恢复，因此在速度耐力训练中，采用主动恢复可能比被动恢复的训练效果更好。

（五）青少年短跑运动员速度耐力训练应注意的问题

1. 在进行速度耐力训练时应兼顾有氧能力的发展

有氧能力是所有运动项目的基础。速度耐力的提高很大程度上取决于呼吸和心血管系统功能的提高，系统科学的有氧训练能够显著提高这些器官系统的工作能力。有氧能力发展得好，其耐受乳酸的能力也强，承受速度耐力训练的能力也就强。青少年运动员应有计划地安排慢跑、越野跑、定时跑等有氧能力训练以加强血液循环，加快体内乳酸的清除，同时还可以有效避免由于青春期发育带来的体重增长过大等问题。

2. 在进行速度耐力训练时应密切结合技术能力的发展

运动员的速度耐力与其技术存在密切相关关系。当运动员进行速度耐力训练时，动作协调、放松可以更好地节省能量，从而提高保持速度的能力。青少年短跑运动员在比赛的降速阶段，通常会出现动作僵硬、技术变形、步幅变小等情况，这也是影响速度下降幅度的重要因素，因此在进行速度耐力训练时更应该强调运动员注意合理的技术动作，提高跑步动作的幅度，从而提高跑步的经济性。此外，还应强调青少年运动员要充分利用最大速度的惯性来合理分配体能，这也是技术调节的关键部分。

3. 在进行速度耐力训练时应考虑不同专项及个体化的需求

由于速度耐力在 100 米、200 米以及 400 米项目中所占的贡献率各不相同，因此青少年短跑运动员在进行速度耐力训练时应根据所从事的运动项目充分考虑训练距离、负荷强度、间歇时间等关键要素的安排。相对于每个运动员来讲，由于个体性差异较大，所存在的短板与不足各不相同，当前还不存在一种最佳的速度耐力训练模式，因此教练员在安排青少年运动员进行速度耐力训练时还应考虑专项特征与个体情况，合理安排训练计划。

4. 在进行速度耐力训练时应避免长期高强度的训练

从青少年运动员的成长发育规律来看，长期高强度的速度耐力训练显然会影响关节、肌肉、心血管等器官系统的正常生长发育水平，进而对身体健康造成严重影响。青少年短跑运动员应通过中等或者中高强度的速度耐力训练，提高速度耐力水平，为将来更高强度的专项训练奠定良好的基础。

5. 在进行速度耐力训练时应坚持“以长带短”的训练理念

“以长带短”是指通过较多较长段落（200~400 米）的练习来促进短距离（100 米）跑成绩提高的一种训练理念。

“以长带短”训练理念最早出现于 1980 年《田径》杂志组织开展的“速度与速度耐力训练”大讨论上。在当时的论坛上，有教练员提出：“我国短跑运动员与世界优秀短跑运动员的差距主要表现在速度耐力上”，但速度是天生的，可塑空间不大。因此，短跑训练应该以速度耐力训练为核心，即通过大量的速度耐力训练（长）来带动最大速度（短）的发展。

事实证明，国内外优秀短跑运动员的训练实践证明，坚持“以长带短”的训练理念可以最大限度地挖掘运动员的生理潜能、提高短跑技术、避免速度障碍和减少运动损伤，其中，博尔特、布雷克、约翰逊、盖伊、希佩尔斯、奥古诺德、伊东浩司、张培萌、谢震业等优秀短跑运动员都是“以长带短”训练理念下的成功典范。通过对世界多名优秀短跑运动员的成长经历和训练情况进行研究后发现:“以长带短”训练理念应包括“短期”和“长期”两个方面的内涵。从短期来看，运动员在短跑训练中非常重视速度耐力训练，即通过速度耐力训练来促进运动员最大速度的发展；从“长期”来看，运动员在运动生涯的早期曾进行长距离的短跑项目，即由长距离短跑项目转向短距离短跑项目。

七、青少年短跑运动员的柔韧性、灵敏性和协调性训练

廖冠群

身体素质是人体运动时所表现出来的速度、力量、耐力、柔韧、灵敏、协调性的机能能力，身体素质的训练是短跑训练中最重要的组成部分之一。短跑属于爆发性力量型的运动项目，是一项将人体速度能力为主的各种体能充分发挥、综合表现于跑速之极限强度的竞技项目。因此，对短跑运动员的身体素质有着很高的要求，而这些身体素质又对短跑运动员的运动成绩取得起决定性的作用，所以说短跑身体素质训练实质就是如何将运动员的跑速提高的过程，在运动员的训练中要特别注意这些身体素质能力的提高。

短跑运动员的专项身体素质是指对短跑专项运动成绩有直接关系的专项力量、专项速度、专项耐力、专项柔韧、专项灵敏和协调等素质。短跑的专项身体训练主要是发展与专项有着密切联系的身体素质，采用与专项运动的动作及与专项动作相似的练习，来提高专项运动水平所需的各器官系统的机能。它的主要特点是参加工作的肌群必须是专项运动所需的肌群，所选择的手段应与短跑专项的动作幅度、用力性质、用力顺序和紧张程序一致或相似，也就是说选用的练习必须与专项紧密联系，才能促进短跑专项运动素质的提高和专项技术的掌握。

运动员身体素质是运动员竞技能力的重要组成部分，运动员的身体素质发展水平是由其身体形态、身体机能及运动素质的发展状态所决定的。身体形态是指机体内外部的形状，身体机能是指机体各器官系统的功能；运动素质是指机体在活动时所表现出来的各种基本运动能力，通常包括力量、耐力、速度、柔韧性和灵敏性等；构成身体素质的各种因素都有其各自相对独立的作用，也有密切的联系，既彼此制约，又相互影响，其中每一个因素的水平，都会影响身体素质整体的水平；在身体素质构成因素中，运动素质是体能的外在表现，所以在运动训练中多以发展各种运动素质为身体训练的基本内容。在短跑运动员的系统训练过程中，由于不同年龄时期机体发育和素质的发展快慢不同，具有明显的年龄特征，因此，短跑训练必须根据运动员的不同年龄特点和运动能力发展的客观规律，合理地安排各阶段身体素质训练的内容和方法。

（一）柔韧素质

1. 柔韧素质及分类

柔韧素质是指运动员各关节的活动幅度和肌肉的延展性，也就是人体关节在不同方向上的运动能力及肌肉、肌腱、韧带等软组织的伸展能力。柔韧素质是通过关节运动的幅度，也就是按一定的运动轴产生转动的活动范围而表现出来的；柔韧性是有效改进短跑技术的基本条件，并预防肌肉、韧带的损伤。它包括两个方面的含义：一是关节活动幅度的大小；二是跨过关节的肌肉、肌腱、韧带等软组织的伸展性。关节的活动幅度主要取决于关节本身的装置结构；跨过关节的肌肉、肌腱、韧带等软组织的伸展性则主要通过合理的训练获得。

柔韧素质分为一般柔韧素质和专门柔韧素质。一般柔韧素质是指机体中最主要的关节活动的幅度，如肩、膝、髋关节活动的幅度，这对任何运动项目都是必需的，这些关节部位的活动幅度是走、跑、跳、投等基本活动的基础，一般柔韧性是运动员从事运动训练的基本条件。

专门柔韧性素质是指专项运动所需要的特殊柔韧性，专项柔韧是运动员在专项运动中达到最大动作幅度的能力。如田径短跨项目运动员对髋、膝、踝关节部位动作幅度的要求，标枪项目对肩关节活动幅度的要求等。专门柔韧性是运动员完成和完善专项高难度运动技术的重要基础，也是掌握专项运动技术必不可少的条件。

对短跑运动员来说，发展柔韧素质对掌握专项技术有着特殊的意义，特别是对运动员下肢、髋关节的柔韧和灵活性尤为重要。因此，在短跑运动员身体素质训练中要特别重视柔韧素质的提高，良好的柔韧素质有助于掌握正确的短跑技术，建立起较强的肌肉、骨骼等运动器官之间的耦合关系，使跑的动作幅度增大，动作更为协调，更好地发挥身体素质和技术水平，提高运动成绩。

2. 影响柔韧素质的主要因素

影响柔韧性和关节活动的因素如下。

①关节的形态、关节周围组织的体积大小和脊柱的灵活性。

②髋关节的韧带、肌腱和肌肉的弹性以及伸展性。其中肌肉的弹性及伸展性对柔韧性的影响最大，发展柔韧性是改变肌肉用力条件和力学结构的重要方法，

有助于力量和速度的提高。

③神经过程转化的灵活性、神经系统支配骨骼肌的机能状态也能影响其柔韧性；通过中枢神经系统的调节机制，可以改善对抗肌之间的协调性，从而保证动作幅度的加大。

④外部环境的温度，以及疲劳的程度。

⑤柔韧性与年龄关系密切，年龄越大，柔韧性越差。少年运动员的关节、肌肉、韧带的活动范围大，弹性好，因此，发展柔韧性应当从小开始。实践证明，柔韧性素质不易巩固，只有坚持系统不间断的训练，柔韧性素质才能得到保持和发展。

⑥柔韧性随着人体机体机能的状态差异会发生一定的变化，比如刚睡醒后柔韧性较差，活动以后柔韧性明显提高，因而通过准备活动可以提高适应能力，预防肌肉拉伤。

⑦柔韧性发展和训练水平的目标应以短跑专项需要为准，并有一定的柔韧储备，以防止训练和比赛时发生的超专项动作之需；但柔韧性的过分发展，可能导致关节和韧带的松弛和变异，会影响短跑专项力量和技术发挥。短跑运动中主要体现的是动力柔韧性，如短跑运动员大幅度的蹬摆配合动作。

3. 柔韧对短跑运动表现的重要性

短跑专项需要大腿前后肌群、髋关节周围肌群、小腿与踝关节肌群，以及肩关节肌群的柔韧性，目的是提高髋、膝、踝、肩关节的运动范围。步长主要取决于腿长、腿部力量，以及髋、膝关节的灵活性和肌肉的伸展性，因此，髋、膝、踝三关节的伸展力量和末节用力往往对步长起着决定性作用，所以要重视踝关节力量的训练和弹性用力的方式训练，髋关节柔韧性在发展步长中是不容忽视的，因为它是增大步幅的基本素质。

通常人们把柔韧性的优劣看成是韧带影响的结果，而实际上是肌腱和肌肉的弹性与伸展性对柔韧性起了主要作用。发展柔韧性是改变肌肉工作初始条件的重要方法，它有助于力量和速度的提高。短跑运动员的肌肉工作多以离心、向心快速用力为主，所以做柔韧性练习时应以有节奏的放松松弛和紧张拉伸为主，练习部位应以大小腿前后肌群为主。

我们知道，柔韧性影响跑的动作幅度，而柔韧性又取决于关节、韧带、肌肉的解剖结构，很大程度上跟肌肉、肌腱的长度有密切关系。柔韧素质是通过长期系统的训练才能获得的，因此，必须把柔韧性练习作为每堂训练课的基本内容，安排练习时应多以肌肉的弹性伸展方式为主，少做简单的静力拉伸，以保证与运动员用力性质一致。从某种意义上说，柔韧性练习不仅能增大动作幅度，同时又是增加肌肉的初长度、改善用力条件、增强肌肉弹性、改善用力方式的训练手段。

4. 短跑柔韧性素质训练的主要方法

短跑运动员的柔韧素质主要是发展下肢、腰背、肩带等部位的韧带和肌肉群的柔韧性，增强髋、膝、踝、肩关节的活动范围，训练方法多采用拉长肌肉组织和结缔组织。柔韧性训练形式如下。

主动柔韧性训练，是指在练习过程中，运动员依靠自身力量进行拉伸肌肉软组织的柔韧训练，是运动员依靠自己相应的关节及周围肌肉群的主动工作能力；主动柔韧性训练也包括运动员利用训练器械进行由自己完成的拉伸肌肉软组织的练习，如利用肋木做各种柔韧性练习、站立体前屈（静力拉伸）、行进间踢腿（动力拉伸）等。

被动柔韧性训练，是指在训练过程中，运动员借助外力的帮助进行肌肉的被动拉伸练习，使关节活动范围和韧带肌肉伸展幅度达到最大限度，如教练员帮助运动员压腿（动力拉伸和静力拉伸）等。

短跑运动员的用力性质多以爆发性用力为主，因此对短跑运动员腿部肌肉的拉长练习要有针对性，即以大腿前群和后群及小腿前群和后群肌肉为主。在做柔韧性练习时，应以振动的形式使肌肉有节奏地放松松弛和紧张拉伸，既要避免一味地静力性拉长，又要防止开始练习阶段就做急剧猛烈的拉伸。一般来说，在进行柔韧性训练之后，应有目的地与力量练习、速度练习，以及跑的专门练习结合起来训练。

柔韧性训练基本采用拉伸法，分为静力拉伸法和动力拉伸法，在这两种方法中又有主动拉伸和被动拉伸两种。在做静力拉伸练习时，先通过动力拉伸缓慢的动作将肌肉等软组织拉长，当拉伸到一定程度时要暂时静止不动，使这些软组织得到一个持续被拉长的机会；而动力拉伸法是指有节奏地、多次重复同一动作的练习，是软组织逐渐被拉长的练习方法。

发展动力性柔韧性有效的训练是逐渐增大幅度的练习和肌肉做退让性动作，但静力缓慢拉伸对牵张反射不起或少起作用；突然性的拉伸练习会引起牵张反射，使同一块肌肉收缩影响柔韧性练习。肌肉的被动不足是影响柔韧性的主要因素。肌肉的被动不足是指肌肉在关节活动过程中的伸展性受到制约，致使关节不能按正常弧度活动的一种特殊肌肉现象，如在屈膝情况下可以充分屈伸大腿，甚至可以使膝关节贴近胸部，但是在做上述练习时，膝关节往往难以伸直，主要原因是对抗肌群与韧带伸展性不够，因此在进行柔韧性训练时，应时刻注意克服肌肉的被动不足。

静力性的柔韧练习方法是通过缓慢的动作将肌肉等软组织拉长到一定程度时暂时静止不动的拉伸练习。最常见的有压、扳、劈、抱、拉、屈等。如肋木上的各种压腿：正压腿、侧压腿、后压腿、下腰、站立体前屈抱腿、弓箭步压腿等，以及垫上或在草地上的各种练习：两人一组或单人直腿并腿屈压、盘腿屈压、跨栏坐、盘腿坐、跪撑、跨栏向侧 / 向后倒体、纵向 / 横向劈叉、仰卧压腿、站立抬腿等。

动力性的柔韧练习方法是指一种有节奏的、弧度较大的、多次重复同一动作的、拉伸肌肉等软组织的拉伸练习。常见的有摆、踢、甩、绕等。如扶肋木架做各种大幅度的摆腿练习：正摆腿、侧摆腿、后摆腿、前绕腿（直腿）、后绕腿、肩绕环、髋关节绕环，各种负重的摆腿练习，负重的弓箭步送髋走，模仿跨栏动作的练习，如跨栏坐、跨栏侧倒体等。

在训练过程中，可以把静力拉伸和动力拉伸结合起来使用。

5. 短跑柔韧性训练应注意的事项

①柔韧素质的训练发展应从小开始，由于柔韧素质具有很强的年龄特征，8 岁以前是发展柔韧性的好时机，少年在 13~16 岁时生长发育较快，发展少儿柔韧性训练较为容易，这是因为少儿与成年人相比关节面角度大、关节面的软骨厚、关节内外的韧带较松弛等。一般来说要在 8 岁以前进行柔韧性练习，力争在 13 岁以前使柔韧性得到较好发展。

②少儿柔韧性训练应多采用缓慢方式和以主动活动练习为主，这是因为少儿关节牢固性差，骨骼易弯曲变形，长时间用力容易造成关节韧带损伤和骨骼变形。另外，此时少年的成长过程中身高体重会明显增加，柔韧性下降，骨骼能承担的负荷较弱，易出现骨骼损伤。因此，要防止过分扭转肌肉骨骼的活动，以免造成损伤，16 岁以后可逐渐加大柔韧性练习的负荷量和负荷强度。

③进行柔韧性训练要充分做好准备活动，可以安排在早操、准备活动和身体训练课进行，也可适当采用负重练习，负荷重量要适当，对高水平运动员的负荷重量可以略多一点，长时间中等强度练习的效果优于短时间大强度练习的作用。

④在用拉伸法发展柔韧素质时，要掌握好练习的强度、幅度、重复次数、间歇时间及动作要求；柔韧素质训练在多数情况下采用自身用力的拉伸法，自身用力的负荷强度大小应依运动员自我感觉来安排，如肌肉酸痛时可减轻用力，肌肉胀痛时可坚持一下，但在身体疲劳时不宜安排。

⑤应根据关节的不同特点，保持关节运动的最大幅度，掌握好适宜的练习次数，运动员的年龄和性别不同，练习的次数也应有所区别，12~14 岁少年运动员练习的重复次数应为成年运动员的 30%~40%。女子应比男子少 10%~15%。在做静力性练习时，当关节角度伸展到最大限度时，可保持 30 秒左右的时间。

（二）灵敏素质

1. 灵敏素质及分类

灵敏素质是指人体在运动突然变化的条件下，表现出对动作的准确、协调、机敏和异变，有高度的操纵能力以及能迅速改变身体和某部位运动方向的能力，是运动员运动技能和各种素质在运动过程中的综合表现。

灵敏素质的标志，是指运动员良好的判断能力及反应速度；衡量灵敏素质的标志是运动员在各种复杂变化的条件下能够迅速、准确、协调地做出应答动作，要求运动员随机完成的应答动作在空间、时间以及用力特征上相互吻合、组配协调；同时或依次完成某一相应动作时，身体和某部位之间在时间、用力、节奏和空间上的合理配合，要求运动员必须具有良好的判断能力及反应速度。

灵敏素质可分为一般灵敏素质和专门灵敏素质两类。一般灵敏素质是指在完成各种复杂动作时所表现出来的适应变化着的外环境的能力；专门灵敏素质是指根据各专项所需要的，与专项技术有密切关系的，以及适应变化着的外环境的能力。

2. 影响灵敏素质的主要因素

灵敏素质建立在力量、反应速度、协调、节奏感等多种素质之上，是各种动作技能的综合表现；这些素质和技能取决于神经系统的灵活性和可塑性，以及已经建立的动作技能的储备数量，如果运动员身体素质在某方面或多方面得到了发展和提高，那么其灵敏素质也将得到发展和提高。

灵敏是人体在运动中表现出来的一种复杂的素质，灵敏素质只有在运动技能掌握熟练后才能表现出来，运动技能的数量掌握得越多，身体素质表现得越全面，在运动中就显得越灵敏。因此，在训练中应要求运动员进行强化练习，尽快建立条件反射和合理的动作动力定型。另外，由于灵敏素质的综合性，所以各种练习手段都包含灵敏练习的成分，训练内容也应安排若干种素质相结合的综合练习。

3. 灵敏对短跑表现的重要性

一般来说，灵敏与速度之间存在着天然的关联，如果短跑运动员身体素质比较全面，反映出的灵敏素质也会较突出。但对不同的短跑运动员来说，他们在灵敏素质上的差异仍然很大，这种差异是由运动员的神经类型、各种身体素质水平、技术技能的掌握程度，以及各种分析器的机能能力等因素决定的，所以提高短跑运动员的灵敏素质具有重要意义。

我们知道，决定跑速的主要因素是步长和步频，步频的快慢取决于肌肉活动的协调性和中枢神经的灵活性、蹬地和摆腿的力量与技术的合理性等。少儿时期灵敏素质发展较快，所以，要提高短跑技术，应在少儿时期打好灵敏素质发展的基础。

4. 青少年短跑灵敏性素质的训练方法

①发展灵敏素质的训练主要采用变换训练法，训练强度一般较大，速度较快，但练习次数不宜过多，训练时间不宜过长。每次练习之间应有足够的休息时间，以保障氧气的补充和肌肉中高能物质的再合成，但休息时间过长又会使神经系统的兴奋性下降。

②快速改变方向的各种跑的练习，包括突然启动和各种躲闪的练习、各种快速急停和迅速转体的练习等，让运动员在跑跳当中迅速、准确、协调地做出各种动作。

③调整身体方位的各种练习，把包括上肢、躯干、下肢等身体部位的体操动作创编成一组，如通过体操器械来做各种较复杂的动作等。

④ 在场地上设立各种障碍，要求运动员在跑的途中绕过和超越它们，并计算全程时间。

⑤各种改变方向的追逐性游戏和对各种信号做出复杂应答的游戏，如移动快速折返跑，要求运动员听信号和看教练员手势往返快速移动跑，发出指令的间隔一般不超过 2 秒。

⑥专门设计的各种复杂多变的练习。如灵敏性游戏活动，把运动员分成三组，

甲组站在场地中间作为被打击目标，乙、丙组分站在场地两端持小球向甲组投射，场上被击中下肢部位者下场。甲组全部被击中后，换一组重新开始。

5. 青少年短跑运动员灵敏训练应注意的问题

①灵敏素质训练的最佳时间应是少儿时期，灵敏性在这个时期要得到适时的发展，不能错过这个时间。灵敏素质的生理学基础是在中枢神经系统指挥下，将身体的各种能力，包括力量、速度、协调和柔韧等综合表现出来。神经系统是人体发育最早和最快的系统，儿童具有较优越的发展神经系统的条件。

②灵敏训练要从少儿开始训练，如 7~12 岁的儿童具有良好的反应能力、6~12 岁的儿童节奏感好、7~11 岁的儿童具有良好的空间定向能力等，这些都为发展灵敏素质提供了良好的条件。女性进入青春期，由于体重增加，内分泌系统也发生变化，因此会影响灵敏素质的训练和表现。灵敏素质训练时间不宜太长，重复的次数不宜过多，练习之间应有足够的休息时间，发展灵敏素质的最佳年龄是 7~13 岁。

③灵敏素质的训练一般安排在训练课的前半部分，在运动员体力充沛、精神饱满时进行。在进行灵敏素质训练时，教练员应采用各种手段消除运动员的恐惧心理或紧张状态，以保证训练的良好效果。

（三）协调素质

1. 协调素质分类

协调是指运动员在完成复杂动作时，肌肉熟练运动，和谐地调整动作，并将肌肉运动整合为高效运动模式的一种能力。运动协调是多块肌肉在一起流畅、有效地工作，例如完成复杂动作时肌肉的调整，而不是相互妨碍身体各部位的和谐运动。也就是说，当一个人很容易、能够很好地对动作序列和节奏进行控制时，就说明此人有很好的协调性。

简单地说，协调性就是一种综合素质，是速度、力量、柔韧等素质的综合反应，是运动员在运动中迅速、准确和协调地改变身体在空间中的位置和运动方向，以及适应这些变化条件的能力。

运动协调可以被视为运动器官各元素之间稳定的、重复性高的相互间关系，稳定性与灵活性合理搭配是协调系统良好性能的一个表现，协调性也是短跑运动员最重要的素质之一。

协调素质可分为神经的协调、肌肉的协调和动觉的协调。

神经的协调是指在完成运动时，神经兴奋和抑制的相互协调配合，其中包括神经系统中不同组织结构的参与，以及高、低级中枢之间的相互支配。

肌肉的协调是指肌肉的适宜和合理的用力，其中包括必须参加工作的肌肉用力的大小程度和时间顺序（指肌肉紧张和放松的相互配合、兴奋出现的时序）。

动觉的协调是指身体各部分环节在空间和时间活动上的配合。动作感觉的协调是由传入中枢神经系统的种种感觉变化通过运动器官完成的，它取决于本体感觉所提供的信息。

2. 影响协调素质的主要因素

田径项目任何一项运动的技术和动作，就其基础细节来看，都是以人体的各部分动作之间相互协调、配合而形成的技术整体。在运动过程中，技术动作瞬息万变，既要按照一定的动作路线、动作方向、动作幅度来完成符合一定目的的动作要求，又要按照一定的动作顺序、动作节奏保持各机体之间及身体、同环节间的高度协调一致，没有这种动作的正确配合，就不能充分发挥运动器官的能力，维持身体的平衡，更不可能获得较快的动作速度，使各动作环节、技术环节之间紧密衔接，实现完整技术各动作阶段间的顺利过渡和转化。影响协调素质的主要因素包括以下四个方面：

①运动员的各种运动素质状况；

②中枢神经协调的可塑性和灵活性；

③神经过程转换的灵活性，心理紧张度和疲劳程度；

④合理的短跑技术动作和掌握其他技术动作的数量和质量。

生理学研究表明，人体各部位的和谐运动，是由肌肉控制力量产生独特的肢体运动模式，协调是运动变量之间的关系，它将运动变量整合成为一个运动单元。也就是将身体各部分的动作、不同的单个动作连接，协调成为有目的的综合动作的能力。

运动技术的合理性依赖于参加动作的肌群协调程度，而这种协调程度又依赖于神经系统对肌肉的合理而精细的支配，即协调能力。从生理学角度讲，运动技术的形成是条件反射的建立与巩固，协调能力好，就能合理地应用已掌握的各种机能储备，使大脑皮层的暂时联系很快建立起来，加快对新技术的掌握。

运动技术的完成，从神经系统来说主要取决于相关神经元的连续冲动、冲动的频率及冲动到达肌纤维的准确时间，而无关神经元则抑制不需参加活动的肌纤维，使之不发生收缩。因此，中枢神经的控制作用表现为对神经和肌肉的协调支配，在骨骼肌的协调活动中，起主要作用的是神经机能的调节。

从运动学角度讲，运动技术的形成是运动员按照动作的空间、时间和节奏等要求进行练习的结果，协调能力好，就能在练习中把握上述的时空及节奏特征，从而较快地提高运动技术学习和训练水平。

短跑是速度力量型的极限强度运动项目，又是以无氧供能的周期性项目。现代短跑技术的特点，即高重心、大步幅、快频率、动作轻快敏捷、富有弹性；在神经系统支配下，肌肉快速收缩和放松交替进行，技术上强调快跑中的放松能力，而这种快速放松能力就是建立在熟练的技术和良好的素质，即灵活性、协调性的基础上的，放松意味着避免多余动作和动作的僵化。短跑技术训练的任务就是掌握具有个人特点的先进运动技术，有效地发挥身体素质的能力和节省能量的消耗，从而创造优异的成绩。

3. 协调对短跑运动表现的重要性

世界最优秀的短跑运动员的百米最高跑速能达到 12 米 / 秒，这就需要运动员能充分调动最大限度的体能，具备高水平的协调放松能力。短跑放松协调技术主要体现在环节运动肌及时收缩与协调工作，如肩关节和双手过分紧张时，会造成上肢前摆时肘关节伸肌过分紧张，不利于屈臂摆动的速度发挥，从而影响上肢摆动频率；颈部的肌肉过于紧张会造成低头或仰脸，跑起来动作就显得紧张；髋关节过分紧张时，造成两大腿的夹角拉不开，摆动腿抬不高，影响腿的摆动幅度和蹬伸完成；腿部完成蹬地动作时，下肢各关节屈肌如果不及时放松做退让工作，就会延长支撑时间，减小后蹬力量；当蹬地结束离地时，如果膝关节和踝关节紧张，不利于小腿向大腿迅速而充分地折叠；当摆动腿摆至最高点做积极鞭打下压动作时，如果髋关节屈肌和膝关节肌群不充分放松，就会使落地动作僵硬而缓慢，影响扒地动作的质量；腰、背肌的过分紧张也会影响跑的正确姿势。短跑的放松能力与动作节奏和机体的协调能力紧密相关，通常把它们统称为放松协调能力。人体的协调能力除需要大脑皮质精细的分析能力和运动定型的准确性以外，也要求具备身体的柔韧性和对抗肌肉的放松能力，放松协调能力强的人在奔跑动作上给人们留下轻松自如、舒展明快的感觉。发展青少年运动员的放松协调性的作用与意义主要有以下六个方面。

①放松是掌握基本技术的前提，只有动作放松协调才能掌握合理、正确的技术，肌肉的伸展性、关节的灵活性，以及全身的协调性、柔韧性构成了放松能力的基础；放松协调能力是一种综合能力，放松能力与短跑技术专项素质、专项能力诸因素有直接的关系，形象地说，短跑运动员的天赋很大程度上是从放松能力中表现出来的。

②放松能改善神经系统的功能，减轻高速跑中大脑皮质的负担，加快大脑皮质运动中枢兴奋与抑制的转换速度，有利于步频的发挥。

③放松协调技术可以提高对抗肌的放松速度和能力，减少肌肉对抗肌的阻力，增加肌肉收缩前的初长度，有利于加快肌肉的收缩速度，使主动肌和对抗肌工作得更加协调。

④放松有利于减少高速跑中的多余动作，提高肌肉工作效率。放松协调技术能够改善运动肌肉的血液循环，改善肌肉工作的能量和供应过程，减少能量的消耗，提高体内能量利用率和速度耐力，后程的耐力是保持全程高速跑不可忽视的重要因素。

⑤放松协调技术有利于运动员提高步频和增大步幅，放松协调技术不仅能提高速度，又能提高速度耐力，能够促进运动成绩的提高。

⑥放松使运动员有良好的感觉，处于信心充足、精力集中的心理状态。放松时运动员不易疲劳和受伤，接受能力较强，形成正确的动力定型也较快。

4. 青少年短跑运动员协调素质训练的主要方法

短跑属于体能类项目，受身体素质的制约性较大，其技术是以发挥人体最大运动能力为前提，从而产生最大作用并获得最佳的运动效果。在比赛中经常可以看到，有的运动员越是用力，越难表现出正确的技术，肌肉工作越紧张动作越不协调，越容易造成肌肉紧张，从而引起动作变形；也就是出现主动肌工作收缩时，协调肌不能协调工作，对抗肌不能及时放松，使该工作的肌肉和不该工作的肌肉同时紧张，从而造成肌肉僵硬，动作不协调，影响了整体技术效果。就跑的动作而言，其技术在“竭尽全力式”用力的同时，要学会和掌握放松用力技术，才可能充分发挥身体的能力作用，使肌肉的伸展性、关节的灵活性、全身的协调性，以及柔韧性和动作的准确性、经济性、合理性得到淋漓尽致的发挥。

因此，短跑放松技术的显著特征应是“放松用力”，而不是“紧张用力”；放松能力是一种综合能力，与田径技术专项素质、专项能力、训练水平等诸多因素有直接的关系；有人这样比喻：放松是短跑技术的灵魂。在实际训练中可以从以下十个方面开展协调素质训练。

①影响运动协调的因素主要表现在节奏、平衡、柔韧、力量等方面；运动协调的根本是人体神经系统合理控制肌肉产生运动，是个体运动能力的基础，对运动员各项能力的发展具有举足轻重的作用。

②短跑训练中要注重柔韧性和协调性练习，关节的柔韧性和全身的协调性是放松的基础，因此，要加强包括肩、髋、膝、踝等关节部位和全身的协调性发展练习。

③重视跑的过程中自然跑进的适时应用，合理利用这种惯性，可以摆脱心理和肌肉紧张，有利于加速和自然跑进，一般出现在由起跑后加速跑转入途中跑和下弯道时的几步。

④利用下坡跑、顺风跑的助力惯性充分体会肌肉快速放松和收缩的感觉。

⑤运用 95%~98% 强度的速度训练，这是最有利于运动员掌握正确的技术和发挥肌肉放松能力的训练手段。

⑥可将多种练习手段按变异形式组合进行身体练习，通过各种变异组合的练习，可以有效提高运动过程的应变能力、对复杂动作的反应能力、对复杂状态的预见能力、运动的灵敏性素质和时空感知能力，以及技能的储备量，并能够掌握较为复杂的技术动作。

⑦国外教练员在给高水平运动员训练时会在体能训练中增加悬吊手段，主要用于加强其中央躯干部位深层肌肉的力量，专家推测这种在不稳定状态下进行的力量训练能够激发躯干肌肉和身体各大肌群之间的神经肌肉协调收缩能力，从而提高在高度不稳定状态下（如高速运动中）的运动能力。悬吊训练通过强化躯干肌肉、强化非主导侧肢体运动能力等手段提高身体在高速运动中的平衡、控制能力，加强力量在运动链上的传导。而短跑运动又是运动员在肢体高速运动下维持身体平衡的运动项目，因此，这种训练对短跑运动员的肌肉协调能力意义重大。

⑧国内著名教练员提出了高效多因素的全面训练方法，即在一个练习手段里完成多种因素的训练效果，这是一种多因素的综合练习。例如，一个跑的简单技术模仿练习，在完成过程中，当大腿向前提拉时，向后给运动员一些阻力，把一些力量训练因素加在里面，而当他动作快要结束时，教练员再顺势向前推一下，给他一些助力，帮助他加快动作速度，即把速度因素融进里面。这样的多因素刺激的训练，可以使运动员在良好状态下进行身体高强度训练，避免局

部疲劳的产生。

⑨肌肉拉伤是短跑运动员最常见的伤病，其受伤原因与技术运用不合理、柔韧性和协调性不好、因紧张导致技术变形等因素有关。肌肉的柔韧性和身体的协调性好，可以提高关节的灵活性，增加技术动作的连续性和流畅性，增大动作的幅度和规模，从而促进运动技能的形成。所以，对于短跑运动员而言，是否具备良好的肌肉柔韧性和身体协调性，也是影响放松能力的一个因素。

⑩身体素质训练中要注意和防止相互干扰的现象，即运动员发展某一运动素质时，干扰了另一种素质的正常发展，如过度发展柔韧素质会影响力量素质的提高等。柔韧素质要求肌肉、肌腱、韧带具有较好的伸展性，而力量素质则要求其有较大的收缩能力，这是相互之间产生不良影响的状况。各运动素质之间的相互干扰，是因为不同素质发展的基础有其共同性的一面，也有其特殊性的一面。它们之间既密切联系，又彼此制约、相互影响。其中每一个因素的水平，都影响着素质整体的水平。因此，要合理结合运动项目与身体训练，注意训练的方法和手段，才能不断提高短跑训练水平和运动成绩。

5. 青少年短跑运动员协调性训练应注意的事项

短跑运动员的放松协调能力要从小抓起，通过多种途径、多种手段和方法去培养，要通过掌握多种多样的运动技能去提高运动员的神经、肌肉的协调能力和应答能力。少儿时期是协调能力发展的关键时期，持续时间为 7~8 年（8~16 岁）；少儿协调能力发展阶段分为：7~11 岁，遗传因素占优势，以适宜环境刺激为条件的敏感期；11~14 岁，以建立各要素间的联系为主的关键期。

在动作的协调配合中，要注意关键性技术环节和关键性动作的实效性，不要过分强调动作的细枝末节，允许每个人在技术细节等方面存在差异性。短跑技术放松协调能力不是在短时间内就能收效的，必须经过多年的训练才能逐渐得到发展和提高。

（四）短跑身体素质训练应注意的问题

短跑技术的形成和掌握受身体素质因素的制约非常明显，短跑中的某些技术动作只有在肌肉最大用力的情况下才能完成，如果没有相应的身体素质做基础，要掌握这些动作和技术是不可能的。因此，发展身体素质是掌握短跑运动技术的基础，为了掌握现代短跑技术，短跑运动员必须具备良好的力量、速度、耐力、柔韧、灵敏、协调等身体素质，提高运动员各器官系统的机能，并使运动员的身体各个部位得到均衡的发展。

各种身体素质在运动员的不同发育阶段发展的程度不同，训练的可塑性也不一样，每一运动素质都有发展的最佳时期，称为素质发展的敏感期。因此，训练中应根据各运动素质训练的可行性抓住有利时机，使该运动素质在适时的年龄阶段得到相应的发展，在敏感期得到较大的提高。

例如 ,8~9 岁时骨骼柔软、富有弹性，各关节韧带柔软松弛，关节活动范围较大，因此是发展柔韧素质的良好时期；10~13 岁是发展速度素质和协调素质的良好时期；12~18 岁是发展一般力量和灵敏性素质的良好时期。

有些训练的手段较单调枯燥，教练员应采用有效的训练手段和方法培养运动员对身体训练的兴趣，因此在训练中应加强对运动员的思想教育，提高他们对身体训练重要意义的认识，培养他们吃苦耐劳的意志品质。

短跑运动员身体训练的过程就是对影响运动员专项运动能力的各种身体素质进行调控和完善、提高的过程，要注意到，运动员在发展身体素质的训练过程中，如果系统性训练出现间断或停顿会出现训练效应的不稳定，已获得的训练效应也会消退以致完全丧失。在运动员神经系统上建立的技能暂时性联系会中断，中枢神经系统对肢体精细运动的支配能力便会受到影响，出现反应迟钝，最终使动力定性遭到破坏。

在运动员身体素质的训练过程中，要确定专项身体训练水平的评定指标，以及专项运动能力提高过程中有关指标的量的变化特征。要看到某项素质的发展对提高专项能力的积极作用，同时还应了解到对其他运动素质的影响作用和对专项能力发展的正反面影响。因此，教练员要从训练系统的角度出发，从综合的训练效果出发，调节安排和控制训练过程。

八、青少年接力跑训练

袁国强

男、女4×100米接力和4×400米接力一直是奥运会的比赛项目。2016年里约奥运会增设了男、女混合4×400米接力；2021年我国陕西省举办的第十四届全运会上增设男子4×200米接力。接力项目的增加对提高短跑水平以及田径项目比赛的观赏性具有重大意义。接力体现团队精神，是田径运动中最具挑战性的项目。接力有三个接力区，要求运动员具备良好的心理素质，能够在复杂的环境、高速的跑动中完成起动和传、接棒，每个接力区传、接棒的质量直接影响比赛成绩。为提高我国短跑水平，在单项与世界水平还有很大差距时，提出以接力带动短跑，就是看到了这个契机。我国于2010年起，集中国内优秀短跑运动员参加每年的亚洲大奖赛和出国训练。2012年，中国男子接力队共参加了10场接力赛，传、接棒水平不断成熟，个人途中跑实力不断增强。2012年伦敦奥运会，中国男子4×100米接力队跑出38.38秒的全国纪录；2014年仁川亚运会，中国男子4×100米接力队以37.99秒获得冠军，成为亚洲首支打开38秒大关的队伍；2015年北京世界田径锦标赛，莫有雪、谢震业、苏炳添和张培萌组成的4×100米接力队为中国代表团取得宝贵的银牌；2016年里约奥运会，汤星强、谢震业、苏炳添、张培萌取得第四名；2020年东京奥运会，由汤星强、谢震业、苏炳添和吴智强组成的中国队，以37.79秒的成绩获得铜牌。接力的崛起带动了国内男子短跑水平的提高。

（一）接力跑的训练

1. 4×100米

4×100米比赛是由四人通过交接棒共同完成400米，第一人持棒起跑将棒交给第二人，再由第二人持棒跑将棒交给第三人……依此类推，最终持第四棒者先到达终点为胜。4×100米是分道跑，第一、三棒是弯道，用右手持棒，靠着跑道内侧跑；第二、四棒是直道，用左手持棒，靠着跑道外侧跑。这样安排有利于传、接棒。挑选起跑和弯道技术好的运动员跑一、三棒；挑选途中跑和冲刺能力强的运动员跑二、四棒。起动悟性好和准确度高的运动员更适合二、三、四棒。

4×100米的传接棒有两种方式：下压式（图8–1）和上挑式（图8–2）。

图 8–1　下压式

图 8–2　上挑式

下压式是接棒队员手心向上，虎口全开，传棒队员从上向下对准接棒队员的虎口和手心传棒（图 8–3）；上挑式是接棒队员手心向下，虎口全开，传棒队员从下向上挑给接棒队员的虎口。两种方式各有优缺点，相对来讲下压式比上挑式优点多，所以被大多数接力队所采用。目前男、女 4 × 100 米接力世界纪录都是用下压式创造的。为更积极地交棒，下压式逐步演变成推压式，即接棒队员手心稍向交棒队员，手臂稍向外展，以利于手臂的稳定性和传棒队员的准确性。有人称其为第三种传棒方式，不过推压式与下压式手势在技术上大同小异。

下压式传棒的优点是能预留传、接棒的距离 (图 8–3)。假如传棒和接棒队员的手能够充分伸直，传棒队员手握棒的前端，接棒队员能接到棒的后端，那么传、接双方的双手加棒的距离可以预留约 1.5 米的空间，三个接力区就能预留 4 米左右的空间，因此下压式传棒更符合人体的动作结构。传棒队员从上向下把棒的后端传给接棒队员，接棒队员手心向上迎接棒，拿棒的位置刚好是棒的前端这样更利于下一棒的传棒，不用途中跑时移动握棒位置，一心一意进入途中跑，利于发挥更大速度。下压式的缺点是接棒队员的手在起动中会摆动，增加了传棒的难度，掌握不好容易出现多次传棒和掉棒。所以在训练中接棒队员要学会接棒手尽量不抖动。

图 8–3　下压式可预留传、接棒距离

上挑式的优点是接棒队员不用充分伸直手而是稍往后，虎口朝下，保证了手的稳定性；传、接过程能感觉两人的手都握住棒，不易丢棒。缺点是传、接距离近，没能预留传、接的更大空间；接棒队员往往接到棒的中间，必须在跑动时移动棒的位置才能传给下一棒，增大了掉棒的风险，影响途中跑的速度。

4 × 100 米的接力区距离为 30 米，无预跑线，以棒为准在接力区内完成传、接。传棒完后顺自己跑道减速，如过早跑离自己跑道妨碍他队则会造成不必要的犯规。最理想的传、接棒位置是进入接力区的 20~25 米完成传、接，太早传棒不利于接棒队员的速度发挥。接近 30 米的传、接，一旦没给准就会造成犯规。传棒队员要学会指挥接棒队员，在接棒队员起动过早时要给出口令让其调整速度；起动晚时要跟着对方的速度跑，在合适的位置发口令把棒传给对方。口令通常是“给”或“接”。接棒队员可采用蹲据式或站立式起动方式。

有些第三棒队员习惯站在外侧看起动标志，起动后切向内侧接棒。训练时可以个人习惯为准。

2. 4×400 米

4×400 米比赛是由四人分别跑 400 米，第一人将棒传给第二人，再由第二人持棒跑将棒交给第三人……依此类推。第一棒分道跑，第二棒跑出 100 米至抢道线后可自由抢道，第三、四棒不分道跑。4×400 米接力区距离为 20 米，位于终点线的前后 10 米：一、二棒交接时在各跑道设接力区；三、四棒队员由裁判员按第二、三棒队员跑到 200 米起点的先后顺序由内道至外道排列进入接力区。各棒必须以棒为准在接力区完成传接，第四棒队员持棒先到达终点为胜。出现掉棒应由掉棒人捡起，还没完成传接必须回到接力区完成。如传棒后有故意妨碍他队的行为会被判犯规取消成绩。

4×400 米的传棒技术是下压式。接棒队员有两种手势，一种是手心向上（图 8–4），另一种是虎口和手心对着传棒队员（图 8–5）。

图 8–4 手心向上接棒

图 8–5 虎口和手心对着传棒队员接棒

因传、接双方速度差距较大，接棒队员往往看着传棒队员的速度起动，起动后靠着外侧跑道边跑边伸左手。接棒转身时顺势将棒换到右手进入途中跑。接棒队员站在接力区时用左边身体向着传棒队员，半蹲姿势准备起跑，同时防止被前后人员挤压。

用右手接棒也是可以的，不过右手传右手容易碰撞，因此不提倡使用这一方法。

选择起跑好、自信心强，能起带头作用的队员跑第一棒；选择头脑清醒、熟练抢道技术、节奏感强、敢跑敢拼的队员跑第二棒；选择途中跑节奏好、敢跑敢拼，敢抢占先机的队员跑第三棒；选择心理素质过硬，实力强、不服输的队员跑第四棒。

（二）接力的训练方法

1. 4×100 米的训练方法

（1）原地传、接棒和慢跑传、接棒

此训练主要练习传与接的手部动作和传棒的准确性。传棒队员练习时持棒的前端，用棒的远端主动下压到接棒队员的虎口和手心。接棒队员的手尽量伸直抬高、保持稳定。

（2）双人加速跑传、接棒

两人在 100 米的加速跑中进行传棒练习，可传棒三次。前两次传棒队员仅敲打接棒队员的手而不传棒，第三次完成传棒。

（3）四人加速跑传、接棒

四人在 100~110 米加速跑中进行传棒练习，可传棒两次。第一棒队员手持两根接力棒，第四棒队员负责发口令起动。每次四人都完成传、接棒。

以上三种训练的间隔距离为双方手臂长度（图 8–6）。

图 8–6　双人训练的间隔距离为双方手臂长度

（4）接力区传、接棒训练

传棒队员在接力区前 6~8 米起动，接棒队员在接力区起动。注意起动的距离和实战性。根据传、接队员的速度，男队员在 28~35 个脚掌处调整出让跑距离；女队员在 24~30 个脚掌处调整出让跑距离。同时根据个人特点，如起动的准确性、起动的快慢和悟性找到看标志线的起动习惯。

（5）半程接力和全程接力

半程接力是日常训练中常用的实战性手段，要基本保证每次练习各棒传、接的成功。全程接力要求队员的状态一致，否则容易出错跑不下来，达不到训练的目的，赛前队员状态较一致时可以进行。

半程接力是 4×50 米。起点设在 1500 米起跑点，终点在 100 米起点。其中有 100 米直道和 100 米弯道，在直道设一、二棒的接力区，在弯道设三、四棒的接力区，二、三棒在原接力区。实际训练时第一、四棒跑 70 米；第二、三棒跑 80 米。让跑距离和起动感觉与全程一样，同样在 30 米接力区内完成传、接棒。

2. 4×400 米的训练方法

（1）传、接棒动作的练习

接棒队员用站立式起动，练习掌握起动姿势和接棒手势。接棒队员用左边身体向着传棒队员，伸直左手。传棒队员看准接棒队员手心和虎口位置快速推压棒。这种传、接练习可在原地和慢跑时进行。

（2）接力区传、接练习

传棒队员在接力区前 5~6 米以 80% 的速度跑向接棒队员，接棒队员用左边身体向着交棒队员，加速的同时伸手迎抢接力棒。在 20 米接力区内完成传、接。把握好传棒队员来的速度对起动很关键。

（3）模拟比赛练习

安排 5 人以上在接力区内起动传、接。锻炼在复杂环境下传、接棒的能力。

（4）起跑练习

4×100 米和 4×400 米第一棒队员须使用起跑器起跑，训练时要练习并掌握持棒起跑和弯道安装起跑器（图 8–7）。

图 8–7　起跑练习

接力项目在比赛中双倍计分，且表现出集体的团结精神。从 2010 年开始，接力与其他小项一样采用积分或成绩排名参加全国田径锦标赛和全运会田径赛，从而得到各省市运动队的重视，接力水平呈飞跃式发展。所以从青少年或更早时期就应注重对运动员团队精神和与人沟通能力的培养，提高其接力的配合默契程度和接力技术水平、把握起动的果断性很有必要。接力的成绩是个人实力和传、接棒技术的最终结果。不断提高个人短跑水平，掌握好传、接棒技术永远是短跑人任重道远的趣事。

九、“传统分期”和“板块分期”训练理论在青少年短跑训练中的应用

刘瑞东

为青少年短跑运动员的训练制订一个长期的训练计划，并根据青少年的个体情况和比赛目标及人体各种能力发展，对其整个训练过程有针对性地分期设置和控制，是当代运动训练科学化和系统化的一个鲜明标志。分别由苏联马特维耶夫和维尔霍山斯基于20世纪60年代和80年代创建的“传统分期”训练理论和“板块分期”训练理论，就是引领运动训练长期计划模式的经典之作。马特维耶夫首次从多年和全年长期系统训练的视角，赋予了分期训练的实际内容，提出了不同训练时期负荷量与强度的不同比例关系，以及一般身体训练与专项训练的不同安排等重要训练原则。“板块分期”训练理论是在继承和批判的基础上提出了一个不同于“传统分期”训练理论的新的训练思路和模式，其可应用于较高水平青少年短跑运动员的训练。它在形式上继承了“传统分期”训练理论的框架结构和阶段划分,但是在内容上进行了发展和创新。在一段时间内的“高度集中训练负荷”、不同能力的“依次序列发展”和训练的“痕迹效应”是“板块分期”训练理论的三个重要原则，也是与“传统分期”训练理论的主要区别之处。“板块分期”训练理论不是对马特维耶夫“传统分期”训练理论的取代，也不是颠覆，而是一种补充和修正。在短跑训练方面，我们不断接触新的想法和训练方法，此部分的重点是研究分期训练这一系统化的方法，为青少年短跑运动员建立一个科学合理的分期训练模型。

（一）传统分期训练理论

传统分期训练理论，是马特维耶夫在20世纪60年代创立的。马特维耶夫分析和提炼了数千名优秀运动员的训练,并于1964年正式出版专著《运动训练分期》（*Periodization of Sports Training*），这标志着“训练分期理论”的问世。“训练分期理论”根据运动员竞技状态的发展需要经历的形成、保持和消失三个阶段，将运动训练过程分为准备期、竞赛期和恢复期三个时期，并针对不同时期的特点，提出了各时期的生物学基础和训练任务（表9–1）。传统分期训练理论一直是运动训练计划的主要模式，被誉为世界运动训练由盲目走向科学、由无序走向规律的分水岭。

表 9–1　竞技状态的发展与大周期相应的阶段划分

竞技状态发展过程	生物学基础	训练任务	时期
形成	适应性机制（对训练负荷的应答性提高）	发展一般和专项竞技能力促进竞技状态的形成	准备期
保持	动员性机制（动员心理、生理能力的潜能，各系统高度协调）	提高专项竞技能力，发展稳定的竞技状态，创造新成绩	竞赛期
消失	保护性机制（机体拒绝继续高强度工作）	积极恢复，消除心理、生理疲劳时期	恢复期

马特维耶夫将训练过程分为长期、中期和短期，即超级周期、大周期、中周期和小周期。大周期是年度训练的基本单元，根据运动员竞技状态发展过程的阶段性特点，以参加重要比赛并取得满意成绩为目标确定并划分训练大周期。在相当长的时期内，运动员的竞技状态经历了发展与提高、良好状态维持和衰退调整三个阶段。

运动员竞技状态的发展过程具有时间阶段性特征。竞技状态的改善、维持和衰退的规律性是安排训练周期的基础。与运动员竞技状态的提高、保持和下降三个阶段相对应，分为组织准备期（训练期）、比赛期（竞赛期）和恢复期（过渡期）的训练，这个周期称为大训练周期（表 9–2 和图 9–1）。大周期由几个中周期组成，中周期由 3~6 个小周期组成，一般持续一个月。中周期包括基础中周期和竞赛中周期，强调“基础和竞赛中周期是贯穿整个训练过程的核心周期”，基础中周期是组织准备期（分为一般准备期和专项准备期两个阶段）的主要周期类型。一个小周期，持续一周，由单个的日训练组成（表 9–3）。

表 9–2　传统分期训练理论的主要特点

时期	阶段	目标	训练量
组织准备期	一般准备期	提高一般运动能力水平，增加各种不同运动技能的积累	主要训练手段中相对大的训练量和较小的训练强度，训练方式多样化
	专项准备期	发展专门训练水平，发展更专业化的运动和技术能力	负荷量达到最大，并且有选择地提高强度

续表

时期	阶段	目标	训练量
比赛期	比赛准备	提高专项运能力、技术和战术能力，形成竞技能力的个体模式	专项训练中，在增加训练强度的同时减少或保持训练的量
	赛前训练	形成专项体能并做好大赛参赛准备	低训练量，高强度，全面形成参赛的状态模式
恢复期	转换	恢复	运用各种轻松的活动进行积极性休息

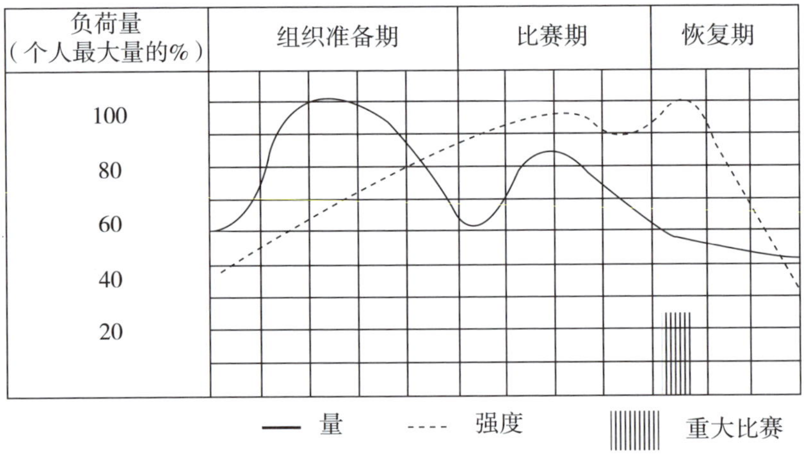

图 9–1　传统分期训练理论量与强度全年训练安排（Matveev,1964）

表 9–3　年度训练计划拆分成多个训练阶段和周期

训练阶段	组织准备期		比赛期		恢复期
子阶段	一般准备期	专项准备期	比赛前期	比赛中期	过渡期
大周期					
小周期					

传统分期训练理论是以重大比赛为目标，根据竞技状态的阶段性发展规律，建立的创造优秀运动成绩的训练阶段理论。它的核心是“大周期”，其内容体系主要包括强调由一般到专项训练的内容安排，遵循由大负荷量、小强度逐渐过渡到小负荷量、大强度的负荷设计理念。传统分期训练理论强调，在大周期中，应该在“内容（身体、技术、心理训练；一般训练和专项训练）、环节（时期、阶

段、中周期、小周期、训练日）和负荷（训练负荷和比赛负荷；负荷量和负荷强度）这三个层面保持合理安排和动态平衡”。该理论旨在“使运动员的最大运动能力能够在一个预定的时刻（重大比赛）表现出来”。

在全年漫长的组织准备期，以一般身体体能素质训练为基础，促进专项体能稳步提高，以及全面而扎实的技术训练，成为准备期的重要内容，以完成全年一次重要比赛任务为核心，训练负荷的主要特点是运动量大、训练强度中等。在组织准备期的训练负荷强度和量的安排也遵循超量恢复训练原理。而在比赛期，要进行符合比赛特点、技术和竞技状态控制能力强的短、小、中强度训练，以达到竞争能力的最高峰值，最大限度地保证高水平竞争的充分发挥。在全年训练的组织准备期、比赛期后，运动员身心疲劳，运动能力下降，根据人体能量消耗和代谢补偿规律，需要经过调整以重新获得新的体能和竞技能力的平衡，一般采用积极性休息为主要特征的一般性身体训练形式，完成恢复期的身体素质和技术的调控。

传统分期训练理论对竞技体育训练的主要贡献：①从整体与宏观层面，为复杂运动训练过程的长期规划和控制开创了先例；②以构建运动员的最佳竞技状态为目标，以探求训练负荷与机体对负荷应答的关系为关键，提出了“适时竞技状态高峰”的概念；③提出了不同训练时期负荷和强度的不同比例，不同训练时期一般体育训练和专项训练的不同安排。

传统分期训练理论借鉴了塞里的“应激－适应”思想（图 9–2），试图构建一个宏大的、贯穿训练始终的教练安排系统，使运动员的最佳竞技能力能在预定的某个时刻（重大比赛）表现出来。从图 9–1 可以看出，在组织准备期，训练量和强度首先同时上升，但训练量的上升速度和幅度都大于训练强度，在准备期的中期，训练量达到运动员最高水平，一段时间后开始下降，这一占准备期较多时间的阶段被称作“一般准备阶段”。随后，训练量迅速下降，并在准备期的后段与训练强度出现交叉，即有训练强度增加的趋势，这一阶段被称为“专项准备阶段”。进入比赛期后，训练强度继续保持上升势头，比赛期的中、后段出现 10% 左右的上下浮动，在重大比赛时达到最高点。训练量在比赛期总体上一直保持在 80% 以下水平，在刚进入比赛期时降至较低水平，但随着运动员对强度训练的适应而再次出现显著上升，此时训练量和强度出现阶段性的同时增长，从而进一步加大了训练负荷。在该阶段之后，训练量和强度又同时出现下降，以便恢复运动员的身体疲劳。随着重大比赛的接近，当训练强度再次上升，达到年度训练的最高点时，训练量逐渐减少，直至在重大比赛时降低到比赛期的最低点，这一阶段显然是以强度为主的赛前训练。

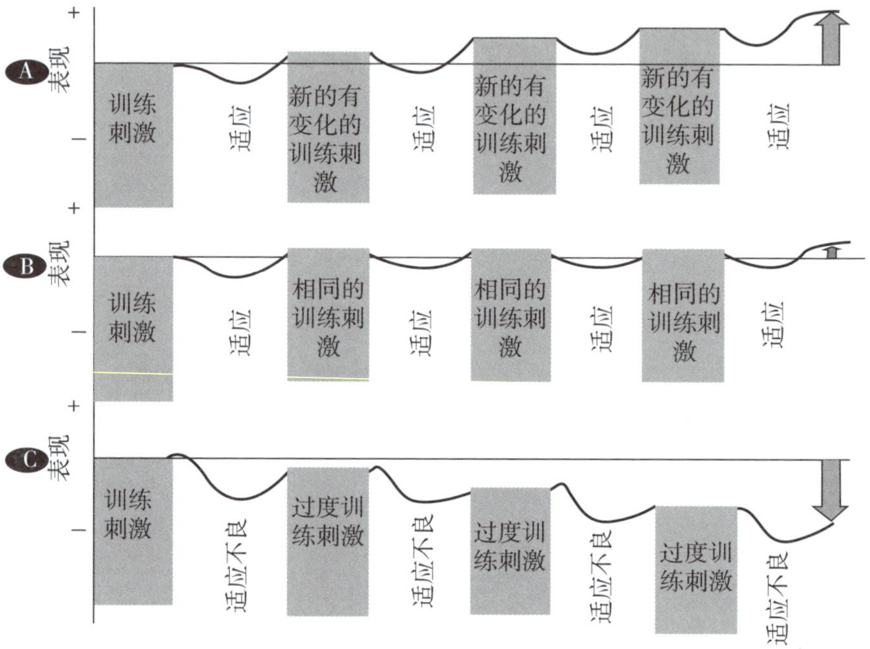

注：（A）增加训练刺激（负荷）→ 适应 → 运动表现提高；

（B）缺乏刺激 → 停滞 → 运动表现没有提高；

（C）过度刺激 → 适应不良 → 运动表现下降。

图 9–2　训练刺激和适应

（二）板块分期训练理论

根据 Issurin 的论述，板块分期训练理论最早出现在 20 世纪 80 年代初，一些优秀教练员发现在训练过程中，为了追求运动员在更高的负荷强度上产生适应而一味追求大运动量训练，很难让运动员同时保证练习强度的现象，即照传统分期训练计划，参加多项比赛的运动员在竞技能力提高方面会出现瓶颈。在试图解决这一问题的过程中，一些教练员开始尝试对训练计划安排模式进行改进，著名田径链球教练邦达尔丘克（Anatoli Bondarchuk）设计出了最初的板块训练计划，即针对某一能力的专项性练习和避免相互冲突的训练负荷，与传统分期训练模式的计划安排不同，板块分期训练模式具有训练周期安排较短、每个周期关键能力有选择性发展的特点（表 9–4）。

表 9–4　传统分期训练模式与板块分期训练模式的对比

训练模式	周期划分	能力发展重点	训练量	能力发展时间
传统分期训练模式	时间较长	多种能力	总量大	同时
板块分期训练模式	时间较短	适当的能力组合	总量小，多高峰	有序

维尔霍山斯基对“板块分期训练”也进行了一些研究。他设计了一项 5~6 周的以发展最大力量为主的力量训练板块（图 9–3）。结果显示，由于最大力量对爆发力有直接影响，因此在集中训练最大力量时，爆发力始终处于“疲劳”状态，技术和一般能力也处于相对低潮阶段。在力量训练板块结束之后，开始进入“技术”训练板块，此时由于训练的主角变成了技术，所以力量训练负荷急剧减少，爆发力反而出现“反弹”，爆发力快速增长，整体机能能力也出现上升的态势，同时也提高了技术训练的质量，良好的身体状态、高质量的技术训练和较高的爆发力水平交融在一起，达到最佳的赛前竞技状态。因此，从运动能力提升的角度也将力量训练板块称为“构建”期，将随后的爆发力等素质出现的反弹式增长称为“完善”期，在完善阶段之后是一次重大比赛，即“实现期”。3 个板块（中周期）各司其职、相互衔接，共同形成了一个大周期训练阶段。

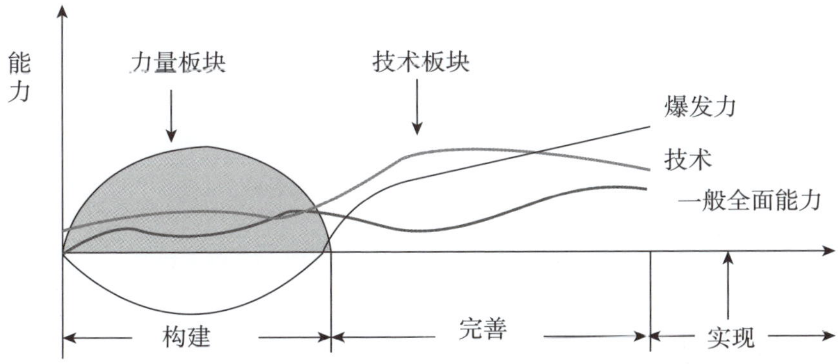

图 9–3　快速力量性项目“板块”训练方式（Issurin W，Shkliar W. Zur Konzeption der blockstruktur im training von hochklassifizierten sportlem [J]. Leistungsport,2002,32：42–45.）

“痕迹效应”是板块分期训练理论的主要依据，它是指在系统训练停止后，身体变化在超出一段时间后的延续效应。从构建“板块”最小单元训练课程到形成一个训练阶段或一个大周期，都要考虑各种能力的形成、保持和消退，并在此基础上设计不同能力发展的顺序和相应的训练时间。综上所述，传统分期训练理论与板块分期训练理论都是以准备参加的某次比赛为中心，将整个训练组织过程分为准备期、竞赛期与调整期三个阶段。不同之处在于，传统分期训练理论仍以从准备期到竞赛期，逐渐提高运动员训练负荷，赛前减量，提高训练强度的形式，且随着比赛临近，一般性训练的比重逐渐降低，专项训练比例逐渐提高的设计线路；而板块分期训练理论从准备期到比赛期，是由多种不同类型的训练板组成，前后关系密切。在各板块的训练中，数量和强度都有一个高峰（图 9-4）。

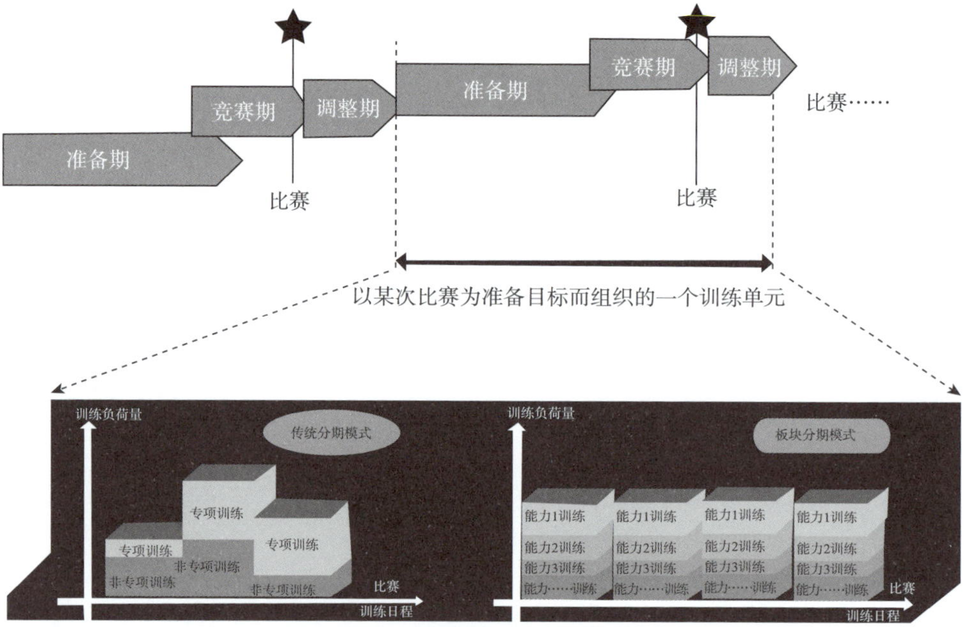

图 9-4 传统训练与板块训练的主要联系与区别示意图

（三）传统分期和板块分期训练理论的应用

在很多情况下，专门为顶级运动员设计的年度训练计划也会被用在那些没有训练经验、身体发育程度还不能承受高强度比赛日程的青少年运动员身上，而青少年并不能适应这样的训练安排。教练员应该考虑运动员是否为高强度比赛日程做好了准备，并在安排训练时遵循以下要点。

①对于初级低水平运动员和青少年运动员，建议使用单周期的基本年度训练模式。在这种周期安排模式中，运动员可以利用较长的准备期提升基本技术和身体素质，同时还不应有较大的比赛压力。

②双周期年度训练计划是那些参加全国锦标赛的高水平或精英运动员经常采用的周期安排方式。该计划的准备期要尽可能长，从而让运动员有时间提升基本技能和生理适应水平。

③三周期年度训练计划适用于高级或国际水准的运动员。这些运动员具有较扎实的基础，因此可以承受含有三个或更多需要表现出最高运动表现水平的年度计划。比赛之间的时间间距要足够长，从而让运动员能够恢复生理和心理应激，之后继续训练，最后再减小训练负荷，并在全年中最重要的比赛时表现出最高运动水平。

④多周期训练计划的特征是减少每个周期的训练周数，特别是准备期的时间。多周期年度训练计划只适用于那些良好训练基础（4~6 年）、高水平运动能力，以及能够承受较多、较大比赛应激的运动员。

分期训练并不局限于年度计划的结构，同样也可用于特定专项的主要运动能力的提升，这会最终影响包含在每个训练阶段的训练类型的效果。应用周期原则，提升专项的主要身体运动能力，可以帮助运动员全面提升运动潜力，并在比赛期达到最佳运动表现水平。在短跑项目中，爆发力是专项的主要身体运动能力。在认识到这一点之后，一些教练员只专注于提高爆发力的练习和方法，从准备期到比赛期的全年计划中均是如此。采用这种方式的教练员往往对运动生理学和适应的概念，以及如周期和专项原则等认识模糊。高爆发力主要取决于高水平的最大力量。因此，在准备阶段的前期，首先应该提高最大力量（通过训练使神经系统募集更多运动单位，包括快肌纤维），然后在比赛前或比赛阶段将力量转化为爆发力（表 9–5）。

主要身体运动能力的单周期训练安排如表 9–5 所示。多峰训练计划只适合于具有多年训练经验的顶级运动员，不建议青少年运动员采用多峰训练计划，因为这会造成各种损伤。

表 9–5 主要身体运动能力的单周期安排

<table>
<tr><th rowspan="2">身体素质</th><th colspan="2">组织准备时期</th><th colspan="3">比赛时期</th><th>恢复时期</th></tr>
<tr><th>一般准备期</th><th>专项准备期</th><th>比赛前期</th><th colspan="2">比赛中</th><th>恢复期</th></tr>
<tr><td>力量</td><td>生理适应</td><td>最大力量</td><td>力量转化
●爆发力
●肌肉耐力
●两者</td><td>保持
●最大力量
●爆发力</td><td>停训</td><td>补偿</td></tr>
<tr><td>耐力</td><td>有氧耐力</td><td>●有氧耐力
●专项耐力</td><td colspan="3">专项耐力（机能增强）</td><td>有氧耐力</td></tr>
<tr><td>速度</td><td>有氧与无氧耐力</td><td>HIT
●无氧功
●无氧耐力
●乳酸耐受力</td><td colspan="3">专项速度
灵敏性
反应时间
速度耐力</td><td>无</td></tr>
</table>

“板块分期”训练理论的核心是，在不提高甚至降低整体训练负荷的前提下，利用“刺激–疲劳–适应”的能力提高机制并充分考虑不同能力之间内在的机理联系，建立以提高专项能力为目标的高度集中的专门训练负荷模式。在训练的长期规划和设计中，“板块分期训练理论”并没有将“小周期”作为运动训练的最小单位，而是按照高度集中的训练原则，将训练负荷集中在训练课上。板块训练计划在时间、目标、任务和衔接等方面具有以下特征：①每个“板块”由 2~3 周的中周期构成；②每个“板块”训练任务均集中在 1~2 个能力上；③不同“板块”紧密相连，有特定的顺序；④不同“板块”构成一个持续 6~10 周的训练阶段；⑤多个训练阶段构成年度训练周期。

在每一节训练课中，量化不同训练内容的疲劳程度，强调各训练内容之间的顺序和兼容关系，是以色列运动训练学专家伊苏林“板块分期”训练理论中训练课的重要原则。他分别给出了身体素质（速度、有氧耐力、无氧耐力和爆发力等）、技术（学习新技术和技术完善等）和协调灵敏等训练课对人体疲劳程度的影响。他建议应在此基础上安排训练，如速度、爆发力和学习新技术应在体力充沛和良好状态下进行。在训练课以及训练课内各项训练内容和手段的安排上，也要考虑各训练内容对机体的不同生理影响及不同能力之间的相互兼容问题。例如，速度和爆发力的训练应排在耐力和最大力量训练之前，有氧耐力和最大力量不应安排在同一节训练课中。

重视“小周期”的功能分类，将其设计成“微型板块”来调控运动员的竞技状态是“板块分期”训练理论的一个突出特点。伊苏林按功能将小周期分为六种类型（表 9–6），并为每个小周期都设置不同的目的、负荷水平、特征和持续时间，不仅进一步明确了每个小周期的不同功能，且时间上也做出了灵活的规定，方便教练员根据不同的情况进行训练。为了更好地把握小周期内的训练负荷的趋势，他还将训练课 5 级疲劳等级引入小周期的训练，设计了单、双和三高峰的小周期负荷模式，并将“核心训练课”作为引导小周期的支柱性课程。伊苏林认为，高质量小周期的设计主要取决于两个因素：一是核心训练课的安排；二是恢复方法和手段的应用。核心训练课的内容和方式基本决定了整个小周期的训练方向和效果，而核心训练课在一个小周期中的数量和出现的时间则基本决定了运动员训练的疲劳和恢复效果。恢复是训练刺激的保障，优秀运动员的竞技能力都是在良好的恢复中得到提高的。因此，在 1 个小周期的核心训练课中，以及核心训练课之间的恢复训练手段或课程，是构建高质量小周期的重要条件。

表 9–6　不同小周期的目的、负荷水平及负荷设计

类型	目的	负荷水平	特征	持续时间
适应	对适宜负荷的初始适应	中	逐步增加训练负荷	5~7 天
负荷	发展素质	次最大—高	使用大负荷和次最大负荷	5~9 天
冲击	运用极限训练刺激发展能力	非常大—极限	极限负荷的使用和总和	4~7 天
赛前	赛前准备	中	使用专项方式来测试比赛	5~7 天
比赛	参与比赛	高—非常高	运动游戏和专项竞技能力	2~7 天
恢复	积极恢复	低	运用各种恢复手段	3~7 天

（引自：伊苏林，2008）

“中周期”是板块分期训练的主要内容。针对全年不同时期的重大赛事，伊苏林将“板块”在功能上设置为三个紧密相连的类型，即积累板块、转换板块和实现板块。三个“板块”实质上是 2~6 周的中周期，功能和持续时间各不相同。积累板块主要发展基础能力，负荷特点是训练量大、强度低；转换板块由于接近比赛，所以以专项训练为主，变为降低训练量和提高训练强度；实现板块是赛

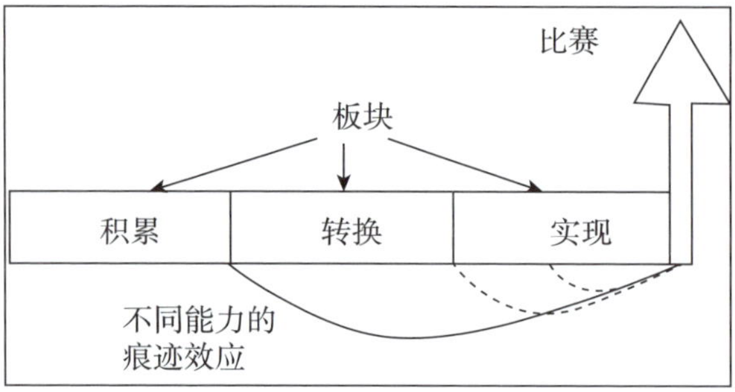

图 9-5　板块训练示意图（Issurin W，Shkliar W. Zur Konzeption der blockstruktur im training von hochklassifizierten sportlem［J］. Leistungsport,2002,32：42-45.）

前训练的阶段，主要以训练专项技术为主，负荷特征为减量、高强度和充分的恢复（图 9-5）。

图 9-6 是微型板块对训练痕迹效应的持久性作用示意图，图中显示了在某一重大比赛前积累、转换和实现三个不同功能中周期的构建、持续时间和彼此之间的衔接。当训练中出现不同能力的训练痕迹效应不兼容的时候，需要适当对某种能力的痕迹效应进行延长，以便在比赛时各种能力同时达到最佳水平，此时就需要一种被称作“微型板块”的方法介入训练。

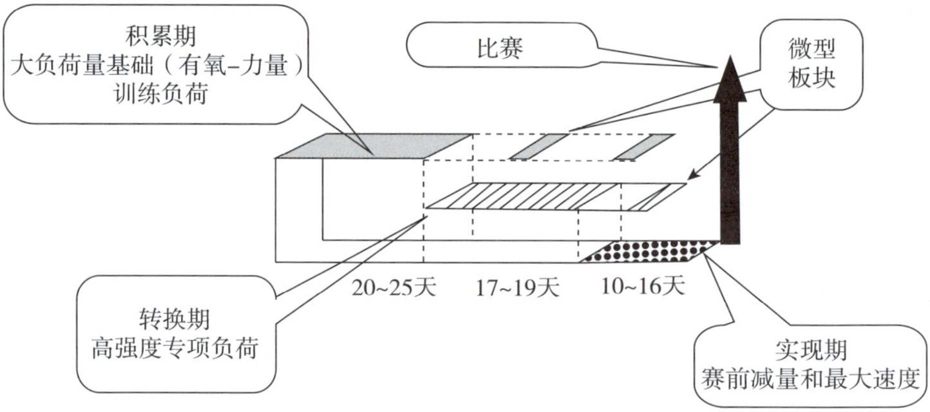

图 9-6　微型板块对训练痕迹效应持久性作用（Verchoschanakij，1988）

“板块分期”训练理论为我们提供了一个新的训练思路和方法。虽然在形式上仍然继承了“分期”的框架结构，在一个阶段中采用了传统的阶段划分，但在基础和内容上对传统的训练阶段进行了补充和变革。它不是从“一般训练与专项训练”“训练量与强度”的宏观角度来概括训练过程，而是从高水平运动员竞技能力的“可塑空间”特征、专项成绩的增长速度、训练负荷的增加，以及运动损伤矛盾等方面来概括训练过程，提出了“高度集中专门负荷训练”的理念。突破了传统分期训练中多种能力“全方位、均匀分布和同步发展”的传统训练方式，提出对少数目标能力进行集中化、专门化训练，这不仅准确有效地发展了这些重要的运动能力，而且尽可能地避免或减少了因提高训练负荷而造成的过度训练和损伤风险，为运动员的高效训练和赛前比赛开辟了一条新路径。以“中周期”为基本结构的“板块分期训练模式”对“赛前减量”的发展具有重要影响，其所依据的“痕迹效应”也是调控运动员赛前竞技状态的重要依据，它的积累、转换、实现，以及“核心训练课”和“微型板块”等训练单元在操作层面上为赛前训练注入了新的内容。理论与实践的紧密结合是“板块分期”训练理论的又一个特点。该理论为教练员规划出从微观（每一次训练课）到宏观（年训练计划）的训练框架，并对该框架的各部分赋予了具体的目标、任务、原则和训练内容，设计了如“核心负荷”“核心训练课”和“微型板块”等多种训练单元，教练员能依据所处的训练阶段和运动员的个人特点来选择，极大地方便了教练员的实际操作和应用。

（四）分期训练安排注意事项

1. 根据青少年运动员身体发育特点进行训练

在青少年基础训练阶段，要根据其身体发育特点安排训练计划。在此阶段，青少年生长发育较快，骨骼弹性较好，容易弯曲。力量训练负荷过大会导致青少年运动员骨骼变形，不利于后期发展，过早地进行专项训练也会导致青少年运动员不能有效地全面发展。训练强度过大对青少年运动员肌肉生长和各关节的损伤有着重要的影响。虽然青少年运动员容易吸收蛋白质等营养物质，身体恢复快，但过度的训练强度会给青少年运动员的身体带来一定的损伤。因此，在训练中要避免时间较长、强度较大的训练。

运动员在青少年阶段应该注重身体的全面发展。在青少年阶段，他们的心理和生理都有着不同的特点，所以要注意抓住阶段性训练的敏感期。在力量训练方面，不宜安排大负荷的专项力量练习，力量练习的负荷要小，应安排更多的一般力量练习，要注重安排全面的力量练习，不能以增大肌肉的横截面积来安排力量训练，这样只会导致运动员的肌肉柔韧性不够、肌肉弹性差，虽然可以提高运动员的肌肉围度和绝对力量，但运动员的速度、爆发力会减弱。力量训练负荷过大会严重影响运动员骨骼的生长发育，因此，要注重安排运动员全面发展的力量练习。传统的田径基础性训练是较多地采用加大训练量与训练强度来提高成绩，这样不利于青少年的健康发展。在青少年阶段，速度训练应与力量训练相结合。速度训练离不开力量训练，在加强力量训练的同时要处理好负荷与恢复的关系，盲目通过提高力量来提高速度，很容易导致运动员肌肉损伤，对青少年短跑运动员而言，要注重肌肉的放松练习，在训练过程中，力量训练前后要安排适当的拉伸，避免运动员肌肉拉伤。青少年短跑运动员在进行速度训练时，要根据项目特点来安排速度训练。比如，100 米运动员要多发展短距离的加速能力，主要以磷酸原供能系统下的爆发能力，发展踝关节的爆发力，而 200 米或 400 米跑运动员要发展一定的速度耐力，多发展以糖酵解供能的速度耐力。青少年阶段的速度训练课程应安排在运动员兴奋性好的情况下进行，有利于调动运动员训练的积极性。在训练过程中可以安排一些游戏进行训练，不仅有利于青少年运动员的放松，而且可以缓解训练的枯燥。在青少年训练阶段，应加强柔韧性和灵敏性的训练。7~14 岁是发展灵敏素质的最佳时期，训练过程中，应通过各种辅助器械，以游戏的方式提高运动员的灵敏素质。在短跑训练过程中，技术训练也占据着非常重要的地位，它直接制约着青少年运动员的最终成绩，对运动员在训练过程中的受伤率有着显著影响。提高运动员在青少年阶段的协调能力，对运动员在训练过程中有很大的帮助。协调性好的运动员能够很快地理解和掌握教练员传授的技术，增强肌肉记忆。在训练过程中，要注重节奏训练，让运动员体验自己的训练和比赛节奏，而不是盲目增加训练量。

2. 注重训练中技术动作的规范性

在青少年运动员的训练过程中，技术动作与身体素质训练密切相关。过于强调身体素质的训练，会导致运动员在训练过程中不能较好地发挥技术动作，不利于运动员在比赛中取得好成绩。规范青少年的技术动作是训练课的重要组成部分。在这个阶段，青少年生长发育较快，规范运动员的动作形态，有利于对运动员后续的发展奠定扎实的基础。在训练中，教练员多采用分解训练法，要求运动员提高对技术动作的掌握能力，训练课的安排应减少力量训练，且强度要求相对要小。应多进行低强度动作训练，让运动员充分掌握技术动作，产生肌肉记忆。由于青少年生长发育较快，教练员要经常调查运动员的实际情况，了解运动员的身体特点，有针对性地安排训练内容。

3. 采取多样化的训练手段进行训练

在现阶段的青少年基础训练中，教练员起着非常重要的作用，提高训练成绩是一个方面，但最重要的是要注重青少年运动员身体的全面发展，为青少年运动员的发展奠定基础。多样化的训练方法和手段在青少年阶段发挥着重要的作用，在田径训练课中，如果训练手段单一，就不能激发运动员训练的积极性，直接制约着运动员的训练效果。应根据运动员的实际情况，综合运用不同的训练手段，在不同训练阶段进行相应的训练。一节训练课可以针对多种身体素质进行训练，可以运用球类游戏、拉伸游戏等激发青少年运动员对训练的激情，调动积极性，要让青少年运动员树立正确的训练理念。同时教练员要经常进行总结与学习，相关训练部门要定期举办教练员培训，加强青少年教练员的理论与实践操作能力，以及沟通交流能力，为青少年阶段运动员的训练保驾护航。

早期多样化训练为青少年建立全面的动作技能、高水平身体感知能力、高效决策能力、高强度专项训练等奠定基础。贝克等专家认为青少年时期参与其他运动项目的数量与成为优秀运动员的概率存在正相关。贝克认为，青少年早期专项化训练对长期职业生涯来说并不是决定性的，全面的青少年体育素养和后期专项化训练的质量才是关键的影响因素。科特认为，早期多样化训练能够促进青少年运动员的全面发展，而早期专项化训练则阻碍了运动员发展。科特在运动参与发展模式中强调参与多样化训练的益处，与运动参与发展模式相关的 7 个假设如表 9–7 所示。

表 9–7　与运动参与发展模式相关的 7 个假设

1	早期多样化训练并不妨碍青少年在成熟后达到高水平的运动表现
2	早期多样化训练与长期体育职业生涯有关，并对长期参与体育运动有积极的影响
3	早期多样化训练对青少年的长期发展具有积极的促进作用
4	通过精心安排的体育活动提高青少年的基础运动能力，同时通过愉快地参与体育活动强化了青少年的运动动机
5	通过精心设计的体育活动提高青少年一系列动作技能和认识体验，并建立对特定运动专项的兴趣
6	小学结束时（约 12 岁），青少年可以持续进行特定的运动专项，并同时继续参与其他运动项目
7	青少年晚期（约 16 岁）已经发展到一定程度的身体、认识、社交、情感和运动技能为青少年从事更高强度的专项化训练提供体系化支持

依据邦帕的模型可知，在儿童期应以多样化训练为主。随着年龄增长，多样化训练的比例越来越低，即使到职业生涯中后期也一直保持至少 20% 左右的训

练比例；青少年 6 岁左右开始进行专项化训练，随年龄增长，专项化训练比例越来越大。其中，10 岁时专项化和多样化训练比例持平，在青春期后专项训练的量和强度明显提高（图 9–7）。

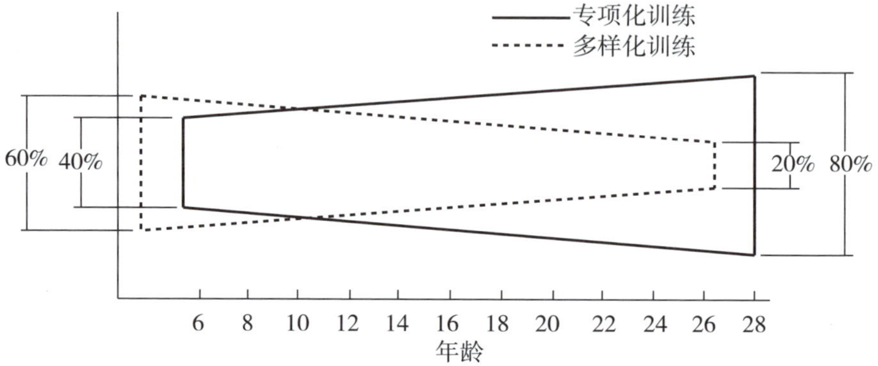

图 9–7　青少年专项化训练和多样化训练之间的关系

4. 对青少年的基础训练进行系统的规划和监控

青少年田径训练要系统地进行，要注意循序渐进地训练。不注意训练的系统化，容易造成训练的瓶颈，导致运动员成绩提高缓慢，对运动员骨骼肌也会产生不利影响。虽然现阶段田径基础训练的模式很多，但在训练过程中往往存在着相对传统的训练方法，如训练内容不系统、训练目标单一盲目，直接导致训练效果不理想。短跑运动员在青少年阶段的训练发挥着重要作用，在这个阶段教练员要有长远的规划，考虑运动员的长远发展，不能单纯以提高竞技比赛成绩为主要目标，要给运动员树立正确的训练理念与训练目标，教练员要建立系统的考核指标体系，结合不同距离短跑项目的特点及运动员的特点，在每个训练阶段对运动员进行正确的考核评价，逐渐发挥出运动员在青少年阶段的最好状态，为短跑优秀后备人才的培养打下扎实的基础。

青少年竞技运动训练要以系统化训练体系为基础，充分挖掘青少年运动潜能、加强专项技术学习效果、塑造高水平的运动表现。在青少年基础训练过程中，要保证青少年运动训练各阶段的衔接，对训练进行系统的规划，在整个青少年训练阶段又要分为各训练周期，在每个阶段要制定科学的评估制度，教练员也可以根据实际情况选择性制定相应的评价体系，不以运动员的最终成绩排名为评价指标，而要以运动员在阶段性训练过程中的技术动作和综合成绩作为评价指标，从整体上对运动员进行客观评价。随着科技的发展，现代竞技运动训练与基于科技支持的训练监控逐渐融合。对训练过程进行实时大数据监控和全面测评成为现代竞技运动训练的重要特征。监控青少年在训练中的关键如下。第一，实时的动作评估。专业青少年体能教练员要对运动员进行实时运动评估，重点关注其躯干控制、重心调节和关节功能，及时发现和评估有风险的动作，进行即时纠正和长期体育锻炼，加强体能与技能训练的结合，定期进行内部和外部负荷评估。第二，要加强内外负荷的综合监控，避免过度训练，及时解决过度训练造成的运动成绩下降、心理倦怠等负面影响，提高训练的安全性和科学性，要分步检测青少年的发展进度，及时发现异常青少年，制订有针对性的训练计划和队伍的训练计划。

5. 要避免青少年短跑运动员过早进行专项化训练

青少年进行训练时要遵循以下基本原则：第一，基于青少年生长发育特点来系统发展多方面的运动能力；第二，早期专项化训练要实现专项技术训练与科学体能训练相结合，培养正确的技术定型；第三，有意识地培养青少年基础动作技能和多元化的运动技能；第四，有效预防青少年过度训练，注重青少年身体健康、心理健康及培育训练的动力和兴趣。青少年早期专项训练科学化的重要前提是：建议进行中低强度的专项化训练；同时进行其他运动项目训练；除必须进行早期专项化训练的运动项目以外，尽量在中、晚期进行专项化训练；实时整合进行科学化的体能训练。要选择合适的专项化训练的时机，青少年应在 12 岁以后开始中高强度的专项训练。

建立长期发展模型是实现青少年训练科学化的重要保证，也是减少或避免早期专项化训练产生负面影响的关键。加拿大专家巴依等人为青少年运动员制定了长期发展模型（LTAD）。该模型将运动员的整个职业生涯分为七个阶段，分别是积极开始阶段、趣味基础阶段、学习训练阶段、为练而练阶段、为赛而练阶段、为胜而练阶段和活力生活阶段。长期发展模型从多个方面促进了青少年运动员训练的科学化：①构建全面的动作技能学习体系，即从青少年进行基本动作技能（FMS）、多元化的运动项目技能（FSS）到专项化的运动技能（SSS）；②强化青少年体育素养训练，重视对青少年进行全面运动能力的训练；③构建系统的体能训练体系，从基础训练阶段重视灵敏、平衡、协调和速度（ABCS）训练及自重训练，到学习训练阶段强调自重训练、实心球和瑞士球的训练；④重视对青少年进行整合大脑、认知和情感的训练；⑤重视幼儿运动兴趣培养和营造良好的运动环境；⑥对达到一定年龄的青少年进行周期化的训练。长期发展模型通过建立以科学性、体系化为特征的青少年训练体系，有效应对了青少年早期专项化的问题。嘉亚堤等人根据专业化程度和伤害风险对1190名7~18岁青少年进行了系统评价，结果表明运动员专项化程度越高，损伤风险越大（表9–8）。

表9–8　运动专项化程度分级及损伤风险

评价标准	专项化程度	损伤风险	严重过劳性损伤风险	急性损伤风险
（1）全年制训练（每年＞8个月） （2）选择1项主要的运动项目 （3）放弃其他运动项目而专注于1个运动项目	低度专项化（符合1或0个条件）	低	低	低
	中度专项化（符合2个条件）	中	中	低
	高度专项化（符合3个条件）	高	高	低

大量研究表明，进行早期多样化训练的青少年更有可能成为优秀运动员。早期多样化训练主要表现为参加运动项目的多样化。布里奇等人对大量16~18岁的青少年运动员进行了调研后发现，与进行专项化训练的青少年相比，在11~15岁进行多个运动项目的青少年成为优秀运动员的概率增加1.4~3.7倍。布里奇认为，在11~15岁之间进行2~4个运动项目的青少年比仅进行专项化训练的运动员更有可能成为优秀运动员。在青少年早期进行多样化训练、在青少年晚期进行专项化训练可以一定程度上降低青少年受伤概率，减少过度训练发生率，同时有利于获得更长的运动寿命。

（五）分期训练理论的指导意义

短跑训练是一个长期的发展过程，许多运动员在训练过程中表现出改善停滞、技术动作出现问题，甚至在训练中受伤，导致运动生涯提前结束，这些问题的产生，很大程度上是由于青少年时期基础训练不科学，导致一些有天赋的运动员在自己的项目上没有真正发挥出来，一些运动员在以后的训练中达不到一流水平。

分期训练理论是目前长期训练计划安排的主要模式，“传统分期”训练理论对我国中、低水平运动员，特别是青少年运动员的训练有很好的指导作用。从启蒙到高水平比赛前的训练阶段，应采用传统的分期训练方法。在很长一段时间内，我们不应过分强调专项全面体育训练。随着年龄的增长，应逐步采用“板块分期”训练理论。“传统分期”训练理论不仅适用于低水平的青少年运动员，也适用于高水平运动员训练的准备阶段，而“板块分期”训练理论则更加符合青少年高水平运动员备赛期的训练，二者之间具有一定的关联性与互补性。分期训练理论的应用有利于明确各阶段训练任务目标通过长期训练逐步提高运动员的竞技能力。在重大比赛中取得优异成绩需要长期的准备。分期训练理论为长周期的阶段划分提供了一个模板，分为几个不同的训练阶段，每个阶段都给出了不同的培训目标、任务和要求。另外，不同竞技能力的发展存在时序性特点。要想提高青少年运动员的竞技能力，需要提高竞技能力的各个组成部分，这就需要分阶段、有序地组织和安排训练内容。例如，在基础准备阶段，青少年运动员的力量能力需要注重发展一般力量，耐力能力则需要着重发展一般耐力和无氧耐力等。进入专项准备期之后，需着重发展爆发力和专项技术，此外还要发展一定的有氧能力。进入比赛期后，运动员对专项力量、专项速度、专项耐力和技术能力有不同的要求。可见，通过训练阶段，将比赛所需的竞技能力划分为各种能力，并根据各种能力的发展规律及其相互关系进行训练。在目标、任务和要求上既有区别又有整体性，从而构成有序的训练过程。此外，分期训练理论的应用有利于控制训练负荷。训练负荷是整个运动训练全过程的核心，其科学安排是青少年运动员训练成败的关键。

运动训练理论最直接的目的就是提高运动员的竞技能力，进而通过参赛获得优异的运动成绩。不论是传统分期训练还是板块分期训练，目的都是对运动员竞技能力的训练与调控，使运动员处于适宜的竞技状态参加比赛。

十、青少年短跑功能训练和专项训练常用手段

王　雄

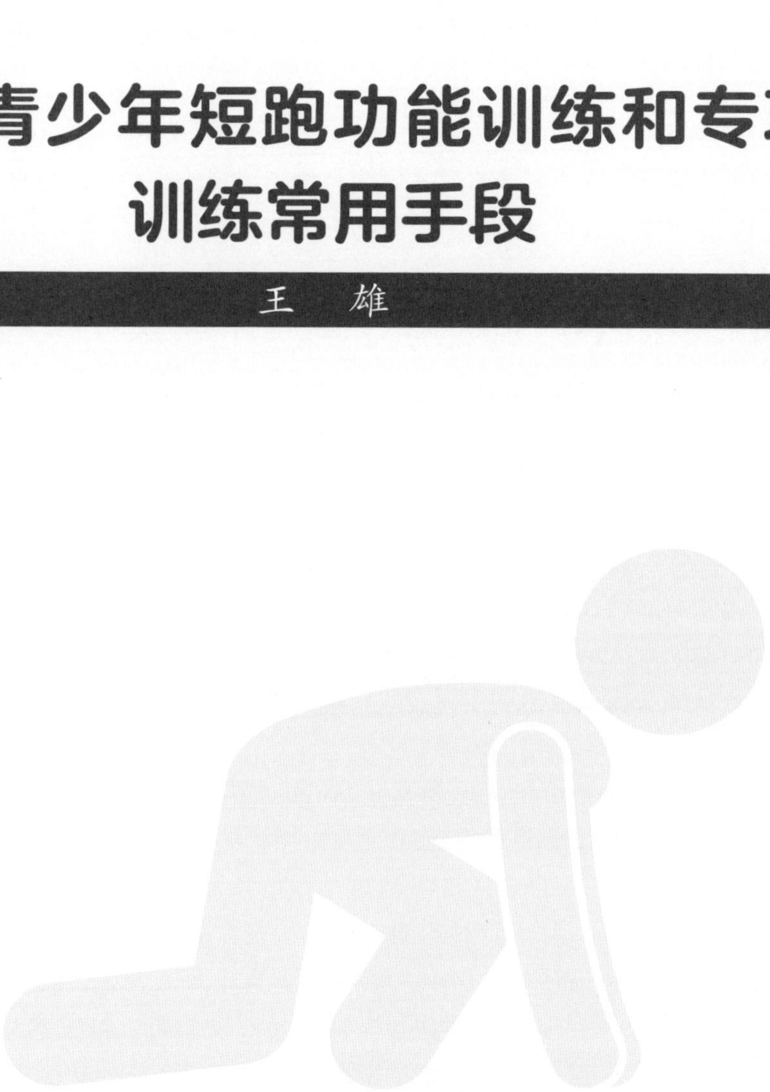

从20世纪90年代开始，在体育职业化和市场化的影响下，世界竞技运动赛事密度和对抗激烈程度大幅增加，一些长期占主导地位的传统训练理论已不再适应当前训练形势的发展，一些曾经对运动训练起过重要作用的训练方法也已不符合训练实践的需求。特别是近十多年以来，在以欧美为代表的国际高水平职业体育运动队中，广泛采用了功能性训练（国内又叫作“身体功能训练”）的方法，包含预康复训练、动作模式训练、躯干支柱力量训练、恢复再生训练等一些训练新方式，在运动损伤预防、训练效率提高、竞技能力提升及运动寿命延长等方面均取得了良好效果。

身体功能训练成为当前世界范围内身体训练理论和实践的热点，而且补充了传统的身体形态、身体机能和身体素质的维度，进一步丰富了体能训练的内涵，为提升运动员的专项运动表现提供了更为丰富的训练思路和方法手段。因此，在针对青少年短跑训练水平的提升过程中，功能性训练也是非常重要的环节。

（一）功能性训练概述

功能训练的早期探索起始于美国的康复治疗领域，由物理治疗师或康复理疗师为术后患者制定的在今后工作或生活中所需的动作练习对其进行干预训练，以期帮助其更快、更好地恢复。随后，在运动损伤治疗和预防方面处于急需状态的竞技体育领域，物理治疗师为了帮助受伤运动员尽快重返赛场，恢复原有竞技水平，同时避免再次发生运动损伤，在伤者的康复过程中融合了一些相关的身体姿态纠正和身体功能重建的动作练习，之后这种训练方式向竞技体能训练渗透，并逐渐发展形成一个新的训练体系。

在国外职业体育市场化蓬勃发展和密集型赛制的大背景下，对职业球员伤病预防、康复、竞技状态保持及职业寿命延长的需求日益增加，功能训练得到迅速的发展。随着一批学科专家和运动训练实践专家经过多年的探索，以及多学科的相互融合，使人们对功能训练有了全新的认识，功能训练被认为是根据人体功能情况及运动项目需求来重建动作模式而提升竞技能力的一种训练方法。一些新的概念，如动作模式、支柱力量、动力链、恢复再生、纠正练习、功能动作筛查成为当前运动训练界耳熟能详的热词，各种功能训练方法体系也进入百花齐放的阶段，其涉及的范畴也在不断扩大，已渗透到大众健身、学校体育及军队训练等领域之中。

功能即目的，从概念上来说，身体功能训练是一种注重身体基本姿态和人体动作模式，整合机体各项素质用于优化人体最基本的运动能力。对动作模式、支柱力量、动力链、恢复与再生等环节进行系统优化，达到提高专项运动能力的一种训练理念和方法体系。

功能性训练体系打破了以往一般训练和专项训练的范畴，强调“像准备比赛那样准备训练”，强调多关节、多平面和中枢神经系统的整合，以及在速度和负荷变化下完成身体功能动作的能力，训练强调动作控制下的多维性和动态性。功能性训练认为“竞技就是动作”，强调动作是身体运动的基石，强调机体的系统化功能，通过功能性动作筛查，发现机体弱链，纠正机体的不对称、不平衡情况，围绕支柱力量、核心稳定、关节的灵活性和稳定性的协调发展等要素来提高运动员整个身体动力链传输能量的效果，通过优化动作模式，使运动员的动作更加有效、经济和稳定。

身体功能训练的相关特征可分为两个层面。第一个层面是训练理念的特征，主要包括强调训练的是动作而不是肌肉；强调要首先解决身体的不对称、不平衡、不协调的问题，恢复机体的“功能”作用，动态姿势的调整和平衡是所有训练的基础；强调构建正确“动作模式”的控制力和精确性练习；强调在专项运动训练前训练基本动作技能；强调在多关节、多平面、多维度内身体姿态的参与和协调发展；强调训练中本体感受器官的参与，在负荷与速度的变化过程中完成动作；强调动作的质量和效果，而不是动作的负荷和数量；强调机体的主动恢复和再生训练，休息和训练同样重要。

第二个层面是训练方法和手段的特征，主要包括更强调躯干核心肌群、拮抗肌和大肌群下深层小肌肉的均衡发展，而不是强调某一具体动作中四肢肌肉力量的过分发展；强调脊柱力量的控制、平衡和稳定性；强调能量在动力链上的有序传递，注重多关节肌群的协调和均衡，使全身肌群参与一体化；强调动作控制下的动态平衡性；在下肢力量训练前训练核心力量；在外载负重的力量训练前用自身的重量进行训练；在训练关节灵活性前训练关节完整性；在训练主要肌群前训练协同肌；在训练力量耐力前训练绝对力量；在训练速度耐力前训练速度本身；强调各种功能器材的应用，而不拘泥于单关节的力量组合器械；强调训练后及时恢复放松并随即进行再生训练。

身体功能训练的特性决定了其在训练中的作用。功能训练可以有效改良身体姿势，发展运动员在不同运动状态下正确调整身体姿势的能力，形成主动肌、协同肌、拮抗肌的合理互动关系，从而提高动作的经济性和训练效率；动态平衡的训练方法可以大幅提升人体的平衡能力，加强运动员的脊柱稳定性和本体感觉，有效协调四肢运动，达到动作完成的最佳状态，从而更深入地挖掘运动员的潜力；此外，功能性训练通过多种方式的动作控制练习，在功能解剖学上加强全身关节及周围肌肉、肌腱和韧带的稳定性，从而加强动作的稳定性、提升动作的精确性并维持关节的灵活性，以确保比赛时良好的运动表现，同时有效预防运动损伤。

这种强调以实现和发展“身体功能”为核心的方法体系，与传统专项训练的理念从根本上并不矛盾。首先，功能性训练并不取代专项训练，而是为专项训练“打基础”，通过改善机体不对称和不平衡，提高整体训练质量；其次，在专项训练出现“瓶颈”的时候，通过身体功能训练系统性提升人体动作能力，有助于实现专项成绩的突破；最后，功能性训练体系中许多具体的动作模式都是围绕专项动作设计的训练，从某种程度上是专项训练的实战准备阶段。

此外，功能性训练并不是全盘否定传统体能训练方法，在发展基础力量、基础耐力等许多方面仍需要传统的训练方法和手段。传统训练模式有其不可取代的一面，但同时也存在不足，比如国内一些队伍的体能训练仍聚焦在组合式器械的使用上，这对于发展局部肌肉力量水平是需要的，但固定、单一的动作轨迹，使身体部分肌肉群孤立发展，特别是在持续高强度的训练模式下，往往会增加运动员潜在的伤病风险。两者之间要紧密衔接、填补空隙。

即便在国外，功能性训练也经历了十多年的认知和争论，至今仍存在许多不同认识。而且功能性训练体系在国内仍处于初级发展阶段，如何将其与我国的传统优势项目相结合，打造出更加适合各运动项目的功能性训练体系，仍需要长时间的实践过程来融合发展。

（二）青少年短跑运动员功能性训练的考虑因素

1. 国内田径领域的功能性训练研究

近年来，国内相关专业人员在田径项目中也开展了一系列功能性训练的实践尝试和案例研究。在近年发表的文献中，王子建等对男子 100 米短跑运动员实施核心训练，结果表明核心力量训练有效增强了运动员的平衡、稳定和协调能力，促使短跑运动员更快改进跑步姿势，从而有效提高短跑成绩；黄玉宝对跳高运动员进行静力性和动力性相结合的核心力量练习方式，认为该方法可以帮助运动员增强本体感觉，提高神经对肌肉的控制能力，从而优化背越式动作姿势，改善运动员的跳高技术；王振中、张甜通过功能性训练对高校体育教育专业铅球运动员进行实验分组对比研究，研究表明进行了功能性训练的实验组学生身体稳定性和协调性明显比对照组高，且技术的发挥更加稳定；赵改青在教学实验中融入了一些功能性训练的练习方法，结果表明功能性训练能够较好地促进标枪运动成绩的提高；李冰通过对田径项目进行功能动作筛查（FMS）分析认为，投掷项目运动员的下肢稳定性与灵活性相比其他田径项目运动员有明显不足，需要增加其下肢稳定性和灵活性的练习；陈杰林等通过对多个田径项目运动员功能动作筛查（FMS）分析认为，教练员应重视田径运动员的功能性动作水平，从而综合提升运动员身体能力发展空间。

通过相关文献研究可看出，功能性训练在短跑等田径项目中的尝试整体都是较为成功的，功能性训练在预防损伤、强化体能、提高成绩等方面都取得了较好的应用效果。

2. 对于青少年功能性训练的考虑因素

青少年是一个有着特殊人群属性的群体。美国国家运动医学会（NASM）认为，青少年（Youth）这个词汇涵盖了一个较大的年龄范围，并且有广泛的含义，比如青年时代的意思，所指基本包含了儿童和少年阶段。美国疾病控制和预防中心（CDC）则使用儿童（Children）和青春期少年（Adolescent）两个词汇对两组人群进行区分。通常来讲，刚出生到 1 周岁之间称为婴儿（Infant），1~3 周岁称为幼儿（Baby），学龄前儿童（Preschool Children）相当于我们国家的幼儿园阶段 3~6 周岁，儿童（Children）所指的年龄范围为 3~12 周岁，而青少年（Teenager）所指的年龄范围为 12~18 周岁。在青少年的科学训练理念中，最重要的就是遵循其身体生理的发展规律，也就是我们经常说的“敏感期”问题。

科学研究证明，青少年生长发育过程中身体形态、机能发展不是均衡渐进的，而是存在着“发展敏感期”。这种敏感期是指某种运动素质在儿童、青少年时期，有机体自然生长发育的基础上，可以实现最优化发展的某些特定年龄阶段。如青少年的肌肉在发育过程中，应先关注大肌群的增长，然后是精细化的动作控制。在一定阶段范围内，青少年力量的增加主要依靠神经肌肉协调控制，而非肌肉体积的增大或肌纤维数量的增加。国内外对敏感期的研究很多，敏感期即儿童、青少年在成长和训练过程中不同身体素质的敏感发展期，又被称作“天窗期”。出现敏感期的不同身体素质可训练的最佳时机，也被叫作“训练机会之窗”（Optimal Windows of Trainability）或“最佳训练能力窗口”。

要注意的是，人的一般生长发育是有规律的，但受遗传、营养和运动等后天环境因素的影响，个体发育的时间不同，每个人的敏感期出现的时间也是不同的。早发育和晚发育都会偏离正常年龄发育水平两三岁左右，同时在性别上，一般认为，同龄的男性、女性在 8 周岁之后，生理发育和身体差异就开始出现，最好从这个年龄后就区别对待。因此，在青春期前的敏感期通常与年龄相关：在青春期开始后，敏感期的划分和青春期男女一些生理标志出现的时间点有关，比如青春期开始、生长峰值点、月经初潮等。目前，在国内外资料当中被研究证实的，同时较为公认和流行的是巴依的运动员长期发展（Long-Term Athlete Development，简称 LTAD）模型。按照这一模型，儿童青少年身体素质敏感“天窗”有 13 个，如表 10-1 所示。

表 10-1　儿童青少年身体素质敏感期（训练天窗）年龄区间

<table>
<tr><th rowspan="2">运动素质</th><th colspan="6">不同敏感期（训练天窗）的出现时间</th></tr>
<tr><th colspan="3">男</th><th colspan="3">女</th></tr>
<tr><td rowspan="2">柔韧天窗（2 个）</td><td>第一天窗期</td><td colspan="2">第二天窗期</td><td>第一天窗期</td><td colspan="2">第二天窗期</td></tr>
<tr><td>5~8 周岁</td><td colspan="2">12~14 周岁</td><td>4~7 周岁</td><td colspan="2">11~13 周岁</td></tr>
<tr><td rowspan="2">速度天窗（2 个）</td><td>第一天窗期</td><td colspan="2">第二天窗期</td><td>第一天窗期</td><td colspan="2">第二天窗期</td></tr>
<tr><td>7~9 周岁</td><td colspan="2">13~16 周岁</td><td>5~8 周岁</td><td colspan="2">11~14 周岁</td></tr>
<tr><td rowspan="2">技术天窗（2 个）</td><td>第一天窗期</td><td colspan="2">第二天窗期</td><td>第一天窗期</td><td colspan="2">第二天窗期</td></tr>
<tr><td>9~12 周岁</td><td colspan="2">14~18 周岁</td><td>7~10 周岁</td><td colspan="2">12~16 周岁</td></tr>
<tr><td rowspan="2">协调性天窗（1 个）</td><td colspan="3">天窗期</td><td colspan="3">天窗期</td></tr>
<tr><td colspan="3">12~14 周岁</td><td colspan="3">11~13 周岁</td></tr>
<tr><td rowspan="3">力量天窗（3 个阶段）</td><td>天窗第一阶段</td><td>天窗第二阶段</td><td>天窗第三阶段</td><td>天窗第一阶段</td><td>天窗第二阶段</td><td>天窗第三阶段</td></tr>
<tr><td>12~15 周岁</td><td>15~20 周岁</td><td>20~25 周岁</td><td>10~13 周岁</td><td>13~18 周岁</td><td>18~21 周岁</td></tr>
<tr><td colspan="3">注释：身高突增期后的 6~12 个月是第一个敏感期，增长速度最快，一般在 12~15 周岁后。后期两个阶段增长速度逐渐放缓</td><td colspan="3">注释：身高突增期或月经初潮后是第一个敏感期，增长速度最快，一般在 10~13 周岁后。后期两个阶段增长速度逐渐放缓</td></tr>
<tr><td>耐力天窗（2 个）</td><td>12~14 周岁</td><td colspan="2">17~22 周岁</td><td>11~13 周岁</td><td colspan="2">16~21 周岁</td></tr>
<tr><td>爆发力天窗（1 个）</td><td colspan="3">16~22 周岁</td><td colspan="3">15~21 周岁</td></tr>
</table>

（引自：王雄．青少年身体训练动作手册［M］．北京：人民邮电出版社，2022.）

具体而言，综合短跑项目特征，青少年短跑功能性训练要着重关注爆发力素质、力量素质、速度素质及技术素质。在对应的时间天窗时期内使用针对性的训练方案，往往可以达到事半功倍的效果。

对于青少年的功能性训练而言，青少年的练习方式是否和成人完全一样呢？这个问题分两个维度：其一，对于已具备基本运动能力的青少年，他们可以完成大多数的练习，如下蹲、跳跃、跑步等，其基本动作模式和成年人是完全一样的；其二，青少年的动作模式和成人一样，在某些细节要求上也一样，但是在具体的动作要求和发展目的上，以及负荷强度和训练量，或训练计划的设计上不一样。

青少年的身体训练是为了打好身体基础、提升体能水平，这个体能水平有动作、身体素质和运动表现三个维度。动作是其中最本质和最基础的，任何身体日常活动和竞技运动都是由基本身体动作组成的，然后是发展力量、爆发力、耐力、速度、敏捷、平衡、协调、柔韧等其他身体素质，最后才是结合运动专项或者其他功能需求的运动表现。

功能性训练强调动作模式，动作模式就是遵循人体运动科学基本原则，身体以最佳路径和最佳效率完成动作的过程。动作练习的目的就是建立正确的动作模式，并优化发展为动作技能。好的动作模式可以让练习者用最少的力和最经济的能量消耗来达到最佳的运动表现。专业运动员为了更好的竞技运动表现，突破原有既定的运动极限，不断地改进自己的技巧，提高自己的技能，目的是能在更好的运动模式下提升至最好的成绩。普通人也是如此，如果没有正确的动作模式，就等于在运动中事倍功半，但很多时候他们的动作模式已经定型，不通过科学的纠正性训练无法矫正，而且过程异常复杂而艰难，而这种“最佳”动作模式建立和优化的最佳时期必定是在青少年阶段。

动作模式的练习讲究神经肌肉的本体感受和协调配合，以及动作姿态的有序控制。如下蹲练习，一个正确动作模式的下蹲，需要人体踝、膝、髋的屈曲角度合理，踝部有足够的灵活性可以保证膝关节的位置正确，膝关节有合理的折叠角度可以帮助身体更好地利用大腿肌肉，髋部在合适的位置可以保证上半身角度合理，同时，还需要躯干和核心的配合发力，以及背部肌肉的参与。其他任何身体位置，包括肩部的位置、头部的角度，甚至是视线，都有可能影响整个身体的联动发力变化和动作模式的效率。

此外，练习动作模式可以保护身体、预防伤病。人体关节有两个基本特性：灵活性和稳定性，往往以一个为主，另一个为辅，这是人体的原本设计，是不可改变的。错误的动作模式会使某一关节的灵活性或稳定性变化，造成上下联动关节的错误代偿，虽然人体具有自我纠正能力，但一旦运动过量或者负荷过大，就会产生永久性运动损伤。例如，硬拉练习是一个综合性训练动作，可以锻炼全身上下多数肌肉，特别是后链肌群，硬拉练习的目的不仅是刺激肌肉，更重要的是练习动作模式，如果在练习过程中出现腹部用力不够、肩胛肌肉或腰背部肌群参与不够等现象，很容易导致人体脊柱背拱，给脊柱造成额外的压力，使其成为一个错误而危险的动作。

因此，功能性训练是非常适合青少年的，青少年的功能性训练要重点关注动作模式，以最有效率的动作幅度和最经济的能量消耗来获取最大的运动收益。

3. 对于短跑项目的功能性训练考虑因素

从项群分类上看，短跑属于典型的体能主导类速度性运动项目，其显著特征主要表现为在极短时间内，人体要快速达到和保持高速运动状态，各器官系统需表现出最强的综合运动能力。对于短跑项目功能性训练的考虑因素，主要从体能特征、能量代谢、动作模式、伤病预防等方面进行分析。

首先，从体能特征角度。短跑运动员有与其专项对应的体能特征，身体形态方面，一般身高在中等或中等以上，肌肉相对发达且呈束形，皮下脂肪较少；下肢比较长，大腿稍短于小腿，踝关节较细，跟腱清晰、较长且扁平；脚趾短而齐整，趾关节较坚固。生理机能方面，运动员具有灵活性较高的神经过程，传导神经冲动的速度快、强度大；拥有功能较强的心血管系统，抗缺氧能力强，机体的无氧代谢水平高。身体素质方面，有强的力量素质为基础，有高的速度素质来保障，有好的耐力素质来维持，加上良好的柔韧及灵活性和一般耐力的协调，这样才能保证运动员的优异成绩。

其次，从能量代谢角度，短跑运动员主要靠无氧非乳酸和乳酸供能来提供能量，在短跑运动过程中，ATP– 磷酸肌酸供能系统供能维持 6~8 秒的时间，之后的供能主要依靠糖酵解所释放的能量合成 ATP，无氧酵解能维持 2~3 分钟的时间。各供能系统的供能之间没有明显的界定值，都是在两种供能系统的相互交替和补充下完成。

再次，从动作模式上，短跑的动作结构是周期性运动，但有着时间短、速度快、强度大的显著特点，从蹬地或者蹬起跑器起跑，完成冲刺后结束，涉及的动作模式种类相对较少，但动作的强度最高，对每一个动作的有效性、经济性、爆发性的要求都极高，同时，对快速神经动员能力的要求也极高。

最后，从伤病预防角度。田径项目是运动损伤发生率较高的运动项目，在田径的运动损伤中，急性损伤其实并不常见，多为过度使用或过度疲劳所导致的慢性损伤，而且损伤易发部位具有明显的项目特征。由于短跑运动的项目特点，运动易损伤的部位大多集中在下肢，尤其是以踝关节、小腿跟腱、膝关节、股后肌群和腰骶部的肌肉韧带的损伤最多，在短跑运动中的上肢损伤则很少。

在短跑运动项目易损伤部位的研究中发现，强而有力的大腿后群肌肉是决定短跑速度能力的重要因素，同时腿后肌肉拉伤也是最常见的运动损伤之一。在青少年短跑运动训练中，很多教练员非常强调和重视大腿前部侧伸肌群的力量训练，并创造了丰富多样的发展股四头肌和小腿三头肌等伸膝和伸踝肌群的力量训练方法、手段，却忽视了对大腿后侧肌群的力量训练，致使很多青少年运动员由于大腿肌群发展不均衡，在比赛和训练中发生大腿肌肉拉伤现象。

因此，对于短跑项目的功能性训练来说，要考虑伤病预防的因素，改善机体不对称、不平衡的现象，恢复关节正常的灵活性和稳定性功能，构建健康、平衡和稳定的身体基础。

（三）青少年短跑运动员功能性训练的动作内容

1. 短跑项目功能性训练动作板块的设定

一个完整的身体功能训练计划由多个小训练环节组成，每个环节称为训练的动作板块，通常由动作姿势、躯干支柱力量、动作准备、快速伸缩复合训练、动作技能、力量与爆发力、能量系统发展、恢复再生和拉伸放松等板块组成（表 10–2）。

每个动作板块相当于一个身体训练的动作方法库，在集合了对青少年训练者的个性化情况评测，以及对短跑专项需求分析之后，从这个“动作库”中按照一定的板块次序，选择适合的方法手段及动作练习，最终形成适合青少年短跑运动员具体可执行的训练计划。动作板块系统为体能教练提供了一个统一的训练动作细化标准，同时，针对不同运动员的特殊情况和个体需求，灵活设计训练方案，从而将标准化和个性化统筹兼顾。

表 10-2　功能性训练的动作板块构成

板块	分类	功能作用	动作示例
动作姿势	握法 站姿 跪姿 卧姿	让青少年学习和掌握正确的动作模式，塑造良好身体姿势，强化本体感受，为执行各种训练动作打下基础	运动基本（准备）姿 高分腿姿 侧弓步单膝跪姿 直立伸髋双腿跪姿
躯干支柱力量	肩部 脊柱 躯干 髋 膝 踝	加强髋部、躯干及肩部力量，为短跑姿态调整和承受负荷做准备；增加胸椎活动幅度，解决关节灵活性或稳定性的限制因素，预防运动损伤	腹桥、臀桥复合练习 瑞士球 -Y 字举手 跪撑 - 髋外展 弹力带辅助胸椎旋转练习
动作准备	臀部激活 动态拉伸 动作整合 神经激活	提高人体核心温度、激活人体惰性较大的臀大肌、加强神经系统兴奋、整合动作模式、增加肌肉弹性，从而提高训练课整体效率	迷你带 - 侧向走 最伟大拉伸 直向军步走 原地快速前后交换腿
快速伸缩复合训练	双脚跳 单足跳 交换跳	利用肌肉和肌腱储存弹性势能的特性及牵张反射作用，提升机体加速和减速能力及爆发力，提高关节之间的能量传递效率	跳箱 - 双脚跳 栏架 - 单足跳 台阶 - 交换跳
动作技能	一般技术 专项技能	根据专项特点及训练目标，通过直线速度、侧向速度和多向速度等练习，有效提高反应速度、灵敏性、移动能力，减少损伤风险	侧向快速移动（结合乒乓球） 抗阻快速上步跳（结合排球）
力量与爆发力	上肢推、拉 下肢推、拉 躯干旋转	通过多关节、多运动平面的动作力量训练，提高运动员稳定性力量，优化动作模式，整合运动链的能量传递，降低运动损伤风险	哑铃 - 板凳卧推 引体向上 哑铃 - 分腿蹲 分腿蹲姿 - 旋转下砍
能量系统发展	有氧训练 无氧训练 混氧训练	根据运动强度对应的心率区间或主观疲劳感觉，针对性发展运动员心血管循环系统和能量代谢系统	65% 最大心率 -3 千米放松跑 85% 最大心率 -50 米冲刺跑 75% 最大心率 - 法克莱特跑
恢复再生	软组织放松	通过用泡沫轴、按摩棒、扳机点等工具对肌肉、韧带、筋膜进行软组织放松，有利于梳理肌肉，加快机体恢复	扳机点 - 前臂内侧 泡沫轴 - 髂胫束 按摩棒 - 腓肠肌
拉伸放松	动态拉伸 静态拉伸 AIS/PNF 技法等	通过对肌肉、韧带、筋膜的牵拉，有利于恢复机体肌肉的初长度、加快肌纤维修复，改善关节活动范围，缓解肌肉酸痛	股四头肌被动拉伸 PNF- 腘绳肌 AIS- 大腿内收肌群

短跑项目的很多专项训练包括动作技能、能量代谢系统训练等板块的内容。另外，这些相关的训练方法在前面章节中都有详细介绍，因此，这部分仅介绍动作姿势、躯干支柱力量、动作准备、快速伸缩复合训练、力量与爆发力、恢复再生和拉伸放松板块中的一些代表性的功能性训练方法。

下面针对青少年的人群属性特点，以及短跑项目的专项特点，每个动作板块选取一些基础动作内容，主要从损伤预防、巩固模式、提高效能和加速恢复几个方面来选择动作内容。更多关于功能性训练动作的详细资料，可参见国家体育总局训练局国家队体能训练中心编著的《身体功能训练动作手册》一书，以及王雄的《青少年身体功能训练动作手册》系列丛书。

2. 各动作板块具体内容示例

按照上述训练板块的分类，本小结分别列举了部分比较适合短跑专项的动作练习作为参考，并说明选择的基本逻辑或原理。训练时的具体安排是根据实际情况而变化的，因此训练计划也并不完全拘泥于此，应根据情况进行选择。

（1）动作姿势

短跑项目青少年运动员可通过对基本动作姿势的学习掌握，进一步塑造良好身体姿势，强化身体的本体感受，减少动作代偿，为执行各种复杂训练动作打下基础。表 10–3 中列出了与短跑相关的动作姿势内容。

表 10–3　短跑项目动作姿势练习板块动作参考

类别	动作名称	训练参数	动作备注信息
站姿	直立姿（单腿军步式）	30 秒，双侧	治疗球激活胸大肌、胸小肌外侧
	运动（基本）姿（双脚站立）	30 秒，双侧	球或轴激活肩袖肌群、背阔肌侧面
	运动（基本）姿（单脚站立）	30 秒，双侧	球或轴激活肱二头肌、肱三头肌
	运动（基本）姿（分腿站立）	30 秒，双侧	泡沫轴激活上背部（背阔肌为主）
	低分腿姿	30 秒，双侧	泡沫轴激活下腰背
	高分腿姿	30 秒，双侧	泡沫轴股四头肌激活
	弓步姿	30 秒，双侧	泡沫轴激活髂胫束
	侧弓步姿	30 秒，双侧	单球 / 花生球 / 泡沫轴激活阔筋膜张肌
跪姿	前后分腿单膝跪姿（半跪姿）	持续 30 秒	挺髋同时单臂向身体对侧上方 45° 处伸展

续表

类别	动作名称	训练参数	动作备注信息
跪姿	侧弓步单膝跪姿	持续 30 秒	转髋同时单侧直腿向身体对侧上方远处伸展
	俯身屈髋双手单膝跪姿	每侧 5 次	侧卧，屈髋屈膝，拉伸肩部和胸椎
	俯身屈髋单手单膝跪姿	2 组 ×5 次	运动姿或俯卧姿，上肢呈 Y、T、W 状肩外展
卧姿	俯卧－双手双脚撑（平板支撑）	2 组 ×4 次	分为三个动作；髋关节积极上挺
	俯卧－双手单脚撑	2 组 ×4 次	弹力带，肘部贴紧身体，肩关节内旋
	俯卧－单手双脚撑	2 组 ×4 次	弹力带，肘部贴紧身体，肩关节外旋
	俯卧－单手单脚撑	2 组 ×4 次	侧卧，壶铃上举稳定，转髋
	仰卧－肩双脚撑（仰桥、臀桥）	每侧 5 次	双腿抬起后，一腿稳定，一腿缓慢下落
	仰卧－肩单脚撑（单腿军步式）	每侧 5 次	用训练单杆单手放于脚背上辅助纠正
	仰卧－肩单脚撑（单腿直膝式）	1 组 ×8 次	双手上下握杆贴放于背后，屈髋俯身

（2）躯干支柱力量

为尽可能降低运动员的损伤风险，针对常见的肩部劳损、脊柱腰段劳损和髋关节运动功能异常导致的下肢关节劳损等运动损伤，在训练前为运动员安排肩部、脊柱腰段、髋部预康复练习。由于这种简化版的预康复练习主要针对躯干上的肩关节、脊柱腰段各关节、髋关节进行练习，因此又被称为“躯干支柱力量训练”。

躯干是构成运动动作和生命活动的核心部分，保持躯干正确的姿态和运动功能将直接影响内脏器官和身体外部的健康。如果片面追求发展四肢力量和爆发力，往往会忽略核心部分在能量传递中的重要作用。通过支柱力量练习，让脊柱各关节正确排列，有助于避免在身体运动时出现代偿动作，从而提升上下肢能量传递效率。通过核心部分传递的能量效率越高，技术动作越节省化、动作模式越有效，劳损和受伤的发生率也越小。因此，支柱力量练习的根本目的是通过提高身体核心部分关节稳定性，为短跑运动员提供良好的姿势和关节排列顺序，从而提高全身能量传递效率，改善动作模式，有效预防运动损伤。表 10–4 中列出了与短跑相关的躯干支柱力量练习内容，供读者参考。

表 10-4 短跑项目躯干支柱力量练习板块动作参考

类别	动作名称	训练参数	动作备注信息
肩部训练	瑞士球 – I 字	2 组 ×4 次	激活肩胛骨周围肌群
	瑞士球 – T 字	2 组 ×4 次	激活肩胛骨周围肌群
	瑞士球 – Y 字	2 组 ×4 次	激活肩胛骨周围肌群
	瑞士球 – W 字	2 组 ×4 次	激活肩胛骨周围肌群
	瑞士球 – 俯卧撑	2 组 ×3 次	激活肩胛骨周围肌群
脊柱腰段训练	跪撑 – 肩胛骨推	1 组 ×8 次	激活肩胛骨周围及背部肌群
	跪撑 – 单手单腿伸	持续 10 秒	激活核心，增强躯干腰段控制能力
	俯桥	持续 20 秒	激活核心，增强躯干腰段控制能力
	俯桥 – 单腿伸	持续 10 秒	激活核心，增强躯干腰段控制能力
	俯桥 – 单手伸	持续 10 秒	激活核心，增强躯干腰段控制能力
	俯桥 – 单手单脚伸	持续 10 秒	激活核心，增强躯干腰段控制能力
	瑞士球 – 平板屈膝	2 组 ×4 次	激活核心，增强躯干腰段控制能力
	分腿侧平板撑	持续 10 秒	激活核心，增强躯干腰段控制能力
	侧桥	持续 10 秒	激活核心，增强躯干腰段控制能力
髋部训练	臀肌桥 – 双腿	持续 10 秒	激活核心和臀部，增强躯干髋部控制能力
	臀肌桥 – 军步屈髋式	持续 10 秒	激活核心和臀部，增强躯干髋部控制能力
	臀肌桥 – 迷你带	2 组 ×4 次	激活核心和臀部，增强躯干髋部控制能力
	臀肌桥 – 药球	2 组 ×4 次	激活核心和臀部，增强躯干髋部控制能力
	直膝髋外展 – 迷你带	每侧 5 次	激活核心和臀部，增强躯干髋部控制能力
	屈膝髋外展 – 迷你带	每侧 5 次	激活核心和臀部，增强躯干髋部控制能力
	跪撑 – 伸髋	每侧 5 次	激活核心和臀部，增强躯干髋部控制能力
	跪撑 – 髋外展	每侧 5 次	激活核心和臀部，增强躯干髋部控制能力

（3）动作准备

动作准备训练内容分为四个部分：动作激活、动态拉伸、技能整合和神经激活。动作准备内容的设计除了起到传统热身训练的作用之外，更多是根据力量及爆发力板块内容有针对性地进行激活和动员，同时强化正确合理的动作模式。

短跑运动员的动作激活练习主要针对髋关节、膝关节及肩关节进行，有关节旋转和关节三方向激活两种形式。通过这两种形式的练习，能够有效地激活臀肌、三角肌、股四头肌和腓肠肌，有助于接下来的训练效率提升。在训练安排上，可以进行不同身体起始姿势的徒手练习，而短跑项目更多会利用弹力带的弹性阻力来设计一些激活练习。动态拉伸练习主要针对躯干、臀肌、大腿前群、大腿后群和小腿后群等肌肉进行拉伸，相比静态拉伸而言，动态拉伸练习不会因降低肌肉弹性而影响人体在力量训练中的表现，同时可以有效牵拉肌肉和预防损伤。动作拉伸在选择上可以多元化，可以根据训练课的主体训练内容进行选择，如果时间紧张，可以选一些组合性拉伸动作，能够在更短的时间内对更多的肌肉群进行拉伸。

动作技能整合练习能够激活整个身体动力链，提升运动员体温，加强身体的运动节奏感和神经兴奋性，特别是可以为快速伸缩复合训练板块，以及力量和爆发力板块的下肢高强度训练做好准备。

神经激活练习通常安排 1~2 组即可，能够让运动员短时间内集中注意力、提升神经兴奋性，为接下来的主体训练板块做好准备。针对短跑项目动作准备板块的动作练习如表 10–5 所示。

表 10–5　短跑项目动作准备板块练习参考

类别	动作名称	训练参数	动作备注信息
动作激活	弹力带多方向抗阻伸展	1 组 ×5 次	双手握弹力带一端，8 个动作方向
	跪姿髋关节三方向激活	1 组 ×8 次，双侧	迷你带 / 弹力带置于膝关节处，四点支撑姿
	运动姿单腿 / 双腿外旋	1 组 ×5 次，双侧	迷你带置于膝关节处，单 / 双腿内收、外旋
	直线走 / 横向走 / 分腿走	2 组 ×10 米	迷你带置于膝关节处，运动姿小步直 / 横向走
动态拉伸	侧弓步转燕式平衡	2 组 ×4 次，双侧	拉伸内收肌及股后肌群
	手脚走 / 相扑式牵伸	2 组 ×3 次	前进、后退两个方向各一组
	伟大拉伸 / 仰卧伸展	1 组 ×3 次，双侧	拉伸股后肌群、胸椎、腰部
	抱膝前进 / 摇篮抱腿	1 组 ×3 次，双侧	拉伸髋部肌群、臀肌
	后弓步 – 旋转 / 双手过头	1 组 ×3 次，双侧	拉伸肩部、下肢、腰部和胸椎
	侧弓步 / 交叉后弓步	1 组 ×3 次，双侧	全面拉伸下肢肌群

续表

类别	动作名称	训练参数	动作备注信息
技能整合	走、跑、跳行进组合练习	2 组 ×10 米	综合协调性、稳定性整合练习
	军步组合练习	2 组 ×10 米	综合协调性、稳定性整合练习
	垫步组合练习	2 组 ×10 米	综合协调性、稳定性整合练习
	蜥蜴爬 / 熊爬	2 组 ×10 米	综合协调性、稳定性整合练习
神经激活	双脚快速点地练习	1 组 ×10 秒	同时点地 / 交替点地
	2 英寸（5.08 厘米）原地碎步跑	1 组 ×10 秒	幅度较小，双手缓慢交替摆动
	俯卧双手快速交替练习	1 组 ×10 秒	俯卧平板，双手支撑，交替移动
	运动基本姿快速转髋	1 组 ×10 秒	运动姿势，快速转髋

（4）快速伸缩复合训练

快速伸缩复合练习被视为专项运动的基础，它不仅能够增强爆发力，还能够提高运动员灵敏性、动作经济性和核心稳定力量，并在一定程度上预防高负荷压力下的运动损伤。

短跑项目的快速伸缩复合训练主要为下肢训练，使用跳箱和栏架进行各种模式的原地跳、跳箱跳、栏架跳和跳深等跳跃性练习，主要提升短跑的蹬地爆发力，同时一些练习还可以增强核心稳定性。表 10–6 中列出了与短跑相关的快速伸缩复合练习内容，列出其中 5 个动作示例的动作要点和图片示范供参考。

表 10–6　短跑项目快速伸缩复合板块动作参考

动作名称	训练参数	动作备注信息
跳箱练习（NCM/CM/DC）	3 组 ×3 次	起跳前无预摆、有预摆、双接触三种方式
栏架练习（NCM/CM/DC）	3 组 ×3 次	起跳前无预摆、有预摆、双接触三种方式
双腿交换跳（DC）	2 组 ×4 次，双侧	单腿连续两次跳跃，落地主要缓冲
垂直单腿跳（CM）	3 组 ×8 次，双侧	注意起跳爆发力和落地稳定性
下蹲 2 变 2 跳跃	2 组 ×5 次	注意控制姿势及身体稳定性
下蹲 2 变 1 跳跃	2 组 ×5 次，双侧	注意控制姿势及身体稳定性

续表

动作名称	训练参数	动作备注信息
跳深（跳箱或其他辅助器材）	2 组 ×3 次	尽量减少第一次落地接触时间和身体稳定性
双接触跳 – 垂直	3 组 ×5 个	垫步之后快速起跳，注意蹬地爆发力
弹力绳抗阻跳练习（CM）	2 组 ×5 个	设置一定阻力，可连续跳或者间歇全力跳

快速伸缩复合训练指导要点

动作功能：提高下肢动作的力量与爆发力，强化下肢肌肉的弹性力量，提升力的产生速率，发展人体的稳定性。

指导要点：

①起跳时，通过有力摆臂增加起跳的动力；

②起跳与落地时，膝关节不要内扣、不要超过脚尖；

③起跳过程中，注意双腿的空中姿态，为落地支撑做好准备；

④落地时，通过屈髋屈膝以缓冲落地时地面对身体的冲击力；

⑤落地时，保持胸部在膝关节上方，保持背部平直、腹部收紧；

⑥在完成双接触动作时，应缩短脚与地面的接触时间。

示例动作 1：无反向式 – 跳箱 – 双脚跳 – 纵向（图 10–1）

- 起始姿势

双脚运动姿站立，面向跳箱，双臂微屈于髋部两侧，双脚站距与肩同宽，背部平直，腹部收紧。

- 动作步骤

①双臂向上快速摆起，以手臂带动身体快速伸髋伸膝，双脚蹬离地面，向前跳上跳箱；

②跳上跳箱时屈髋屈膝，落地缓冲的同时双臂下摆至髋部两侧，呈双脚运动姿站立，保持 1~2 秒。

图 10–1　无反向式 – 跳箱 – 双脚跳 – 纵向

示例动作 2：无反向式 – 跳箱 – 双脚跳 – 纵向 – 单脚支撑（图 10–2）

• 起始姿势

双脚运动姿站立，面向跳箱，双臂微屈于髋部两侧，双脚站距与肩同宽，背部平直，腹部收紧。

• 动作步骤

①双臂向上快速摆起，以手臂带动身体快速伸髋伸膝，双脚蹬离地面，向前跳上跳箱；

②跳上跳箱时屈髋屈膝，落地缓冲的同时双臂下摆至髋部两侧，呈单脚运动姿站立，保持 1~2 秒。

图 10–2　无反向式 – 跳箱 – 双脚跳 – 纵向 – 单脚支撑

示例动作 3：有反向式－交换跳－纵向（图 10–3）

• 起始姿势

单脚直立姿站立，另一侧腿抬离地面，双臂伸直举过头顶，保持掌心相对，背部平直，腹部收紧。

• 动作步骤

①双臂向下快速摆动至髋部两侧后向上快速摆起，以手臂带动身体快速伸髋伸膝，起跳脚蹬离地面，向前跳跃；

②落地时，另一侧脚着地，屈髋屈膝，落地缓冲的同时双臂下摆至髋部两侧，呈异侧单脚运动姿站立，保持 1~2 秒。

图 10–3 有反向式－交换跳－纵向

示例动作 4：有反向式－交换跳－纵向（图 10–4）

• 起始姿势

单脚直立姿站于跳箱上，面向栏架，双臂自然垂于体侧，背部平直，腹部收紧。

• 动作步骤

①向前迈出右脚，自然下落，落地时，起跳脚前脚掌着地，脚跟略微离开地面，屈髋屈膝，落地缓冲的同时双臂下摆至髋部两侧，做好快速起跳的准备；

②落地时，双臂向上快速摆起，以手臂带动身体快速伸髋伸膝，起跳脚蹬离地面，从栏架上方跳过；

③第二次落地时，另一侧脚着地，屈髋屈膝，落地缓冲的同时双臂下摆至髋部两侧，呈异侧单脚运动姿站立，保持 1~2 秒。

图 10–4　有反向式 – 交换跳 – 纵向

示例动作 5： 无反向式 – 跳箱 – 单脚跳 – 纵向（图 10–5）

• 起始姿势

单脚运动姿站立，面向跳箱，另一侧腿抬离地面，双臂微屈于髋部两侧，背部平直，腹部收紧。

• 动作步骤

①双臂向上快速摆起，以手臂带动身体快速伸髋伸膝，起跳脚蹬离地面，向前跳上跳箱；

②跳上跳箱时，起跳脚着地，屈髋屈膝，落地缓冲的同时双臂下摆至髋部两

侧，呈同侧单脚运动姿站立，保持 1~2 秒。

图 10-5　无反向式 - 跳箱 - 单脚跳 - 纵向

（5）力量和爆发力练习

力量和爆发力训练是短跑项目体能训练的主体部分之一。可分为上下肢基础力量练习、核心（力量和稳定性）练习和爆发力练习三个部分。力量训练主要以提高短跑运动员全身肌肉的整体工作能力和效率为目的，是运动员顺利完成各种技术动作的动力保证，也是运动员尽快掌握专项技战术和提高运动成绩的先决条件。通过系统、科学的力量训练，能够促使短跑运动员的力量与速度有机结合，提高短跑运动员的步幅与步频，进而提升其运动成绩。短跑运动员的力量训练整体要求是非常全面的，按照上下肢基础力量、核心和爆发力的分类，短跑运动员适用的力量和爆发力练习内容可参考表 10–7 和表 10–8。

由于前面已系统介绍短跑的力量训练，本部分主要介绍一些适合于短跑运动员的功能性练习，结合人体部位、训练器材设备和动作模式，从动作库当中选取了部分功能性力量与爆发力训练动作，供读者参考。

表 10–7　短跑项目力量和爆发力板块示例参考动作（上下肢基础力量）

类别	动作名称	训练参数	动作备注信息
上肢基础力量练习	坐姿高位下拉（负重片、阻力绳）	3 组 ×8 次	上肢垂直下拉动作模式
	屈臂伸 / 悬吊屈臂撑（负重）	2 组 ×8 次	上肢垂直下推动作模式
	（TRX/ 下斜）俯卧撑	3 组 ×8 次	控制核心稳定，快起慢下

续表

类别	动作名称	训练参数	动作备注信息
上肢基础力量练习	仰卧悬垂引体（TRX）	3 组 ×8 次	快起慢下，控制核心
	单 / 双臂（交替）哑铃卧推	3 组 ×8 次，双侧	控制节奏，快起慢下
	俯卧哑铃单 / 双臂（交替）划船	3 组 ×8 次，双侧	控制节奏，快起慢下
	二头肌弯举（哑铃 / 阻力绳）	3 组 ×8 次	快起慢放，躯干稳定
	三头肌阻力绳下压 / 哑铃上提	2 组 ×8 次	快起慢放，躯干稳定
	TRX 俯卧前伸展	2 组 ×8 次	核心稳定下的肩部发力
	TRX 稳定俯卧撑	2 组 ×8 次	核心稳定下的手臂、胸部发力
下肢基础力量练习	杠铃深蹲 / 哑铃火箭推	3 组 ×8 次，双侧	慢蹲快起，逐步增加负荷
	罗马尼亚 / 杠铃硬拉（单双腿）	3 组 ×8 次	快拉慢放，逐步增加负荷
	后抬分腿蹲	3 组 ×6 次，双侧	一腿抬高，训练单侧下肢力量
	哑铃反向弓步	3 组 ×10 次，双侧	注意动作模式，控制核心稳定
	双臂哑铃单腿硬拉	3 组 ×6 次，双侧	注意动作模式，控制平衡为主
	单站机 – 胭绳肌弯举 / 股四头肌蹬伸	3 组 ×6 次	大腿前群 / 后群等肌群
	单站机 – 内收 / 外展	3 组 ×6 次	髋部内收肌和外展肌
	肘撑内收肌侧桥（训练椅辅助）	3 组 ×30 秒，双侧	侧卧肘撑，一条腿侧放于训练椅
	药球 – 内收肌挤压	3 组 ×30 秒	内收肌力量，平板支撑姿势
	单腿站姿提踵（负重）	2 组 ×10 次	小腿腓肠肌，踝关节稳定 / 灵活
	单站机 – 脚踝背伸	2 组 ×10 次	胫骨前肌，踝关节稳定 / 灵活

表 10–8　短跑项目力量和爆发力板块动作参考（核心和爆发力）

类别	动作名称	训练参数	动作备注信息
核心力量 / 稳定性 / 抗旋转练习	锯式腹肌练习（滑垫 / 滑板）	3 组 ×10 个	肘部支撑，腹肌发力上下滑动
	肋木举腿	3 组 ×10 个	肩关节、躯干稳定
	双腿 / 单腿 / 军步臀桥	2 组 ×10 次	臀肌发力，髋部在同一平面
	滑垫 – 仰卧弯腿	3 组 ×10 次	臀肌发力，髋部在同一平面

续表

类别	动作名称	训练参数	动作备注信息
核心力量/稳定性/抗旋转练习	腹肌徒手组合练习	2组 ×2分钟	针对上腹、下腹、腹内外斜肌
	背肌徒手组合练习	2组 ×2分钟	针对上背、下腰、两侧腰部
	瑞士球－仰卧弯腿	3组 ×10次	核心耐力＋能量代谢练习
	半跪姿（抗旋）单臂水平推/拉	3组 ×8次，双侧	半跪姿，快拉/推慢放
	侧卧姿（抗旋）单臂水平推/拉	3组 ×8次，双侧	仰卧姿，快拉/推慢放
	横向抗阻核心稳定性练习	2组 ×3次移动	侧向抗阻移动，躯干保持稳定
爆发力练习	气动训练器－单臂抓举	3组 ×10次	提高能量传递效率和爆发力
	哑铃－滑垫－单臂侧滑弓步至过顶推举	3组 ×5次	下肢内收肌和全身爆发力
	壶铃甩摆	3组 ×5个	全身爆发力练习
	爆发式（击掌）俯卧撑	2组 ×5个	快速撑起，躯干保持竖直
	气动训练器（旋转/俯身）爆发力下拉	3组 ×8次，双侧	分腿站姿，快速旋转/俯身下拉
	气动训练器推拉组合	3组 ×8次，双侧	双手同步快速进行推拉动作
	气动训练器－站姿－旋转后拉	3组 ×8次	躯干爆发力练习

力量/爆发力

示例动作1： 哑铃－单臂抓举（图10–6）

• **动作功能**

提高动力链能量传递效率，提升全面爆发力，主要发展臀大肌、股四头肌、腘绳肌、内收肌、腓肠肌、比目鱼肌、斜方肌和三角肌等。

• **起始姿势**

运动基本姿站立，挺胸直背，右手正握哑铃自然下垂，使其置于胸部正下方。

• **动作步骤**

①快速伸髋站起，同时快速耸肩，屈肘抬起前臂提拉哑铃；

②当肘部抬至最高且身体完全伸展时，身体下蹲至哑铃正下方呈半蹲位，同时保持右臂完全伸直支撑哑铃；

③身体保持稳定后站直，贴近大腿放下哑铃；

④回到起始姿势，重复规定次数；

⑤换至对侧，重复以上步骤。

• 指导要点

①开始时，保持挺胸直背，肩胛骨内收，保持哑铃位于胸部正下方；

②膝关节不要超过脚尖或者内扣；

③在充分伸髋后再使用上肢提拉；

④提拉过程中，保持肘高于手，哑铃贴近身体；

⑤提拉过程中，可踮起脚尖或跳离地面产生更大爆发力。

图 10–6　哑铃 – 单臂抓举

示例动作 2： 气动训练器 – 单臂抓举（图 10–7）

• 动作功能

提高动力链能量传递效率，提升全面爆发力，主要发展臀大肌、股四头肌、腘绳肌、内收肌、腓肠肌、比目鱼肌、斜方肌和三角肌等。

• 起始姿势

运动基本姿站立，挺胸直背，左手正握把手自然下垂，使其置于胸部正下方。

• 动作步骤

①快速伸髋站起，同时快速耸肩，屈肘抬起前臂向左上方提拉把手；
②当肘部抬至最高且身体完全伸展时，踮脚站立，同时保持左臂完全伸直；
③身体保持稳定后站直，贴近大腿放下把手；
④回到起始姿势，重复规定次数；
⑤换至对侧，重复以上步骤。

• 指导要点

①开始时，保持挺胸直背，两肩后张，肩胛骨内收，双臂伸直；
②膝关节不要超过脚尖或者内扣；
③在充分伸髋后再使用上肢提拉；
④提拉过程中，保持肘高于手，把手贴近身体；
⑤提拉过程中，可踮起脚尖或跳离地面产生更大爆发力。

图 10-7　气动训练器 - 单臂抓举

示例动作3： 气动训练器－深蹲至过顶推举（图10–8）

• 动作功能

提高动力链能量传递效率，提升全面爆发力和力量，主要发展臀大肌、股四头肌、腘绳肌、内收肌、腓肠肌、比目鱼肌、斜方肌、三角肌等。

• 起始姿势

①背对训练器，双脚开立，屈髋屈膝后蹲，大腿与地面平行；
②双手正握把手置于肩上耳侧，距离与肩同宽。

• 动作步骤

①伸髋站起，踮起脚尖，同时将把手推举过头顶，手臂伸直，掌心朝前；
②回到起始姿势，重复规定次数。

• 指导要点

①开始时，重心保持在脚跟，挺胸直背；
②推举过程中，保持肩胛骨内收，腹部收紧。

图10–8　气动训练器－深蹲至过顶推举

示例动作 4： 哑铃－单臂侧滑弓步至过顶推举（图 10–9）

• 动作功能

提高动力链能量传递效率，提升全面爆发力和力量，主要发展臀大肌、股四头肌、腘绳肌、内收肌、腓肠肌、比目鱼肌、斜方肌、三角肌等。

• 起始姿势

直立姿正常站位，左手正握哑铃置于肩上耳侧。

• 动作步骤

①右腿侧滑，髋部下降呈侧弓步姿；
②右腿还原站起，同时将哑铃推举过头顶，手臂伸直；
③回到起始姿势，重复规定次数；
④换至对侧，重复以上步骤。

• 指导要点

①保持挺胸直背，腹部收紧；
②下蹲时，膝关节不要超过脚尖或内扣；
③推举过程中，保持肩胛骨内收。

图 10–9　哑铃－单臂侧滑弓步至过顶推举

示例动作 5：药球 – 罗马尼亚硬拉至过顶推举（图 10–10）

• 动作功能

提高动力链能量传递效率，提升全面力量，主要发展臀大肌、股四头肌、腘绳肌、内收肌、腓肠肌、比目鱼肌、斜方肌、三角肌等。

• 起始姿势

直立姿正常站位，双手持药球自然垂于体前。

• 动作步骤

①保持手臂姿势不变，屈髋向后呈俯身姿；
②屈膝下蹲至大腿与地面平行，同时直臂将药球举至头顶正上方；
③保持手臂姿势不变，迅速站起至直立姿；
④回到起始姿势，重复规定次数。

• 指导要点

①俯身时，保持背部挺直，臀部抬高；
②动作过程中，保持足跟贴紧地面。

图 10–10　药球 – 罗马尼亚硬拉至过顶推举

示例动作 6： 悬吊带 – 肱二头肌弯举（图 10–11）

• 动作功能

提高动力链能量传递效率，提升全面力量，主要发展臀大肌、股四头肌、腘绳肌、股直肌等。

• 起始姿势

①双手反握把手，手臂伸直置于胸部正前方；

②保持躯干稳定，双腿伸直，身体从头到脚呈一条直线，向后倾斜适当角度，保证悬吊带斜挂绷直。

• 动作步骤

①保持身体和下肢不动，屈肘至 90° 将胸部拉向把手；

②回到起始姿势，重复规定次数。

• 指导要点

①保持挺胸直背，腹部收紧，身体不要晃动；

②弯举过程中，保持上臂固定。

图 10–11　悬吊带 – 肱二头肌弯举

示例动作 7: 悬吊带 – 单臂肱二头肌弯举（图 10–12）

• 起始姿势

①右手叉腰，左手握住把手呈侧平举姿势，掌心朝上；
②两脚并拢，身体挺直向右侧倾斜约 30°。

• 动作步骤

①上臂不动，屈肘将把手尽可能向头部耳侧拉近；
②回到起始姿势，重复规定次数。

• 指导要点

保持挺胸直背，腹部收紧，身体不要晃动。

图 10–12　悬吊带 – 单臂肱二头肌弯举

示例动作 8: 气动训练器 – 俯身姿直臂下拉（图 10–13）

• 动作功能

主要发展背阔肌、大圆肌、菱形肌、斜方肌下束、肱二头肌、肱桡肌等。

• 起始姿势

①面朝训练器，呈运动基本姿站立；
②双手正握把手置于头顶，距离微比肩宽，手臂伸直。

• 动作步骤

①保持手臂伸直，下拉把手至髋部位置；
②回到起始姿势，重复规定次数。

• 指导要点

①保持挺胸直背，腹部收紧，身体不要晃动；
②肩胛骨内收，带动手臂下拉完成动作；
③下拉过程中，身体不要后仰。

图 10-13　气动训练器 – 俯身姿直臂下拉

示例动作 9: 气动训练器 – 跪姿对角线下拉（图 10-14）

• 动作功能

主要发展肱三头肌和肘肌。

• 起始姿势

①面朝训练器，呈直立伸髋双膝跪姿；

②双手正握把手，手臂伸直交叉置于头顶前上方。

• 动作步骤

①肩胛骨内收下降，双臂交叉下拉把手至身体两侧，与躯干约成 30° 夹角，掌心朝前；

②回到起始姿势，重复规定次数。

• 指导要点

①保持挺胸直背，腹部收紧，身体不要晃动；
②肩胛骨内收，带动手臂下拉完成动作；
③下拉过程中，身体不要后仰；
④下拉过程中，保持把手一直贴近躯干。

图 10–14　气动训练器 – 跪姿对角线下拉

示例动作 10：悬吊带 – 简式“Y”字形伸展（图 10–15）

• 动作功能

主要发展背阔肌、斜方肌、菱形肌等。

• 起始姿势

①双手直握把手，手臂伸直置于胸部正前方；

②两脚前后开立约一步距离，前侧腿伸直，后侧腿微屈，身体向后倾斜适当角度，保证悬吊带斜挂绷直。

• 动作步骤

①肩胛骨内收，保持手肘角度不变，手臂伸直将把手向体侧斜上方向举起，躯干与手臂形成类似“Y”字形；

②回到起始姿势，重复规定次数。

• 指导要点

①保持挺胸直背，腹部收紧，身体不要晃动；

②肩胛骨内收，带动手臂完成动作。

图 10–15　悬吊带 – 简式“Y”字形伸展

示例动作 11： 哑铃 – 俯身姿单臂单腿对侧后拉（图 10–16）

• 动作功能

主要发展背阔肌、大圆肌、三角肌后束、斜方肌、菱形肌、肱二头肌、臀大肌等。

• 起始姿势

①两脚与肩同宽站立，身体前倾与椅面平行，左手撑在卧推椅上，右手直握哑铃自然垂于肩部正下方；

②左腿微屈，右腿向后伸直抬高，与上半身呈一条直线，右脚踝关节成90° 夹角。

• 动作步骤

①右侧肩胛骨内收，屈臂抬肘，将哑铃竖直上提至腹部高度；

②放下哑铃，回到起始姿势，重复规定次数；

③换至对侧，重复以上步骤。

• 指导要点

①保持挺胸直背，腹部收紧，身体不要晃动；

②肩胛骨内收，带动手臂后拉完成动作；

③上提过程中，保持肘部贴近身体；

④抬起腿臀肌收缩保持伸直，脚尖勾起。

图 10–16　哑铃 – 俯身姿单臂单腿对侧后拉

示例动作 12：壶铃 – 俯桥交替后拉（图 10–17）

• 动作功能

主要发展背阔肌、斜方肌、三角肌后束、肱二头肌和肩袖肌群等。

• 起始姿势

双手撑壶铃呈俯卧撑起始姿势，掌心相对。

• 动作步骤

①保持躯干稳定，肩胛骨内收下沉，右臂屈肘将壶铃拉近胸部；
②放下壶铃，回到起始姿势，换至对侧，重复以上步骤；
③重复规定次数。

• 指导要点

①保持挺胸直背，腹部收紧，身体不要晃动；
②手腕绷直。

图 10–17　壶铃 – 俯桥交替后拉

示例动作 13：悬吊带 – 后拉（图 10–18）

• 动作功能

主要发展背阔肌、大圆肌、三角肌后束、菱形肌、肱二头肌、肱肌等。

• 起始姿势

①双手直握把手，距离与肩同宽，双臂伸直平举于胸前；

②保持躯干稳定，双腿伸直，身体从头到脚呈一条直线，向后倾斜适当角度，双脚并拢，保证悬吊带斜挂绷直。

• 动作步骤

①肩胛骨内收，手肘张开，屈肘将胸部向悬吊带拉近；

②伸直手臂，回到起始姿势，重复规定次数。

• 指导要点

①保持挺胸直背，腹部收紧，身体不要晃动；

②肩胛骨首先进行内收带动手臂运动，不要耸肩。

图 10–18　悬吊带 – 后拉

示例动作 14：悬吊带－站姿飞鸟（图 10–19）

• 动作功能

主要发展胸大肌、三角肌前束、前锯肌等。

• 起始姿势

①双手直握把手置于胸部正前方，距离微比肩宽，手臂伸直；

②保持躯干稳定，双腿伸直并拢，身体适当前倾，从头到脚呈一条直线，保证悬吊带斜挂绷直。

• 动作步骤

①保持躯干和下肢不动，手肘微屈，张开双臂，身体下沉至把手高度；

②手臂内收，回到起始姿势，重复规定次数。

• 指导要点

①双臂与躯干夹角不要大于 90°；

②保持挺胸直背，腹部收紧，不要塌腰或翘起臂部，身体不要晃动。

图 10–19　悬吊带－站姿飞鸟

示例动作 15：哑铃－捧杯式深蹲（图 10–20）

• 动作功能

主要发展股四头肌、臀大肌、腘绳肌、三角肌前束等。

• 起始姿势

直立姿分腿站位，双手捧住哑铃置于胸前。

• 动作步骤

①屈髋屈膝下蹲，直至大腿与地面平行；
②快速站起，回到起始姿势，重复规定次数。

• 指导要点

①保持挺胸直背，腹部收紧；
②膝关节不要超过脚尖或内扣，脚跟不要抬离地面；
③保持脚尖方向竖直向前。

图 10–20　哑铃－捧杯式深蹲

示例动作 16：腿内收（图 10–21）

• 动作功能

主要发展大收肌、长收肌、耻骨肌、股薄肌等。

• 起始姿势

直立姿并腿站位，双手十指交叉置于胸前。

• 动作步骤

①保持膝关节伸直，双腿向两侧滑动至最大幅度；
②双腿内收，回到起始姿势，重复规定次数。

• 指导要点

保持挺胸直背，腹部收紧，身体不要晃动。

图 10–21　腿内收

示例动作 17：哑铃 – 分腿蹲（图 10–22）

• 动作功能

主要发展股四头肌、臀大肌、腘绳肌等。

• 起始姿势

高分腿蹲姿，左腿在前，身体重心保持在左脚，双手直握哑铃自然垂于体侧。

• 动作步骤

①保持躯干正直，屈膝，身体下降成低分腿蹲姿，右膝几乎贴地（距离地面约一拳高度），双膝均约成 90° 夹角；

②左腿蹬伸站起，回到起始姿势，重复规定次数；

③换至对侧，重复以上步骤。

• 指导要点

①保持挺胸直背，腹部收紧，身体不要晃动；

②控制身体重心移动速度；

③前侧腿膝关节不要超过脚尖或内扣；

④重心始终保持在前侧脚上。

图 10–22　哑铃 – 分腿蹲

示例动作 18： 哑铃 – 后向弓步（图 10–23）

• 动作功能

主要发展股四头肌、臀大肌、腘绳肌等。

• 起始姿势

直立姿并腿站位，双手直握哑铃自然垂于体侧。

• 动作步骤

①保持躯干正直，身体重心在左脚，右腿向后迈步成低分腿蹲姿（右膝几乎贴地），双膝均约成 90° 夹角；

②左腿蹬伸站起，回到起始姿势；

③换至对侧，重复以上步骤；

④重复规定次数。

• 指导要点

①保持挺胸直背，腹部收紧，身体不要晃动；

②控制身体重心移动速度；

③前侧腿膝关节不要超过脚尖或内扣；

④重心始终保持在前侧脚上。

图 10–23　哑铃 – 后向弓步

示例动作 19：箱上单腿深蹲（图 10–24）

• 动作功能

主要发展臀大肌、股四头肌、腘绳肌等。

• 起始姿势

跳箱约与膝关节同高，直立姿单腿站立在跳箱边缘，左腿悬空，双臂前平举。

• 动作步骤

①臀部向后，左腿屈膝下蹲，尽量使大腿与地面平行；
②快速站起，回到起始姿势，重复规定次数；
③换至对侧，重复以上步骤。

• 指导要点

①保持挺胸直背，腹部收紧；
②保持骨盆与肩部水平；
③保持抬起脚悬空，控制下蹲速度；
④支撑腿膝关节不要超过脚尖或内扣，脚跟不要抬离地面。

图 10–24　箱上单腿深蹲

示例动作 20: 杠铃－正向蹬箱（图 10–25）

• 动作功能

主要发展臀大肌、股四头肌、腘绳肌等。

• 起始姿势

跳箱约与膝关节同高，面向跳箱，右脚踏在跳箱上，左脚距离跳箱一步远，双手正握杠铃置于颈后肩上，握距微比肩宽。

• 动作步骤

①保持躯干正直，右脚下蹬站上跳箱至完全伸直，左脚悬空；
②右腿屈膝，身体下降直至左脚着地，回到起始姿势，重复规定次数；
③换至对侧，重复以上步骤。

• 指导要点

①保持挺胸直背，腹部收紧；
②保持骨盆与肩部水平；
③保持身体平衡，控制身体重心移动速度；
④膝关节不要超过脚尖或内扣。

图 10–25　杠铃－正向蹬箱

示例动作 21：哑铃 - 单臂单腿对侧罗马尼亚硬拉（图 10–26）

• 动作功能

主要发展臀大肌、腘绳肌、股四头肌等。

• 起始姿势

直立姿单腿站立，右腿悬空，右手正握杠铃自然垂于体前，右臂伸直，左手置于背后或体侧。

• 动作步骤

①保持右臂自然下垂，以左髋为轴，右腿伸直向后抬起，同时身体前倾，直至身体和右腿连线几乎与地面平行，左腿微屈；

②右腿下降同时身体直立，回到起始姿势，重复规定次数；

③换至对侧，重复以上步骤。

• 指导要点

①保持躯干和抬起腿同步运动；

②动作过程中，保持支撑腿膝关节微屈。

图 10–26　哑铃 - 单臂单腿对侧罗马尼亚硬拉

示例动作 22： 壶铃 – 甩摆（图 10–27）

• 动作功能

提高动力链能量传递效率，发展全面爆发力，主要发展臀大肌、竖脊肌、腘绳肌等。

• 起始姿势

直立姿宽站位，双手正握壶铃自然垂于体前，双臂伸直。

• 动作步骤

①保持背部平直，双膝微屈，向后屈髋，双臂将壶铃甩摆至胯下，同时上身前倾下沉至几乎与地面平行；

②保持双臂伸直，快速伸髋站直，将壶铃上摆至头部高度；

③连续不间断重复以上步骤，重复规定次数。

• 指导要点

保持挺胸直背，肩胛骨内收，腰腹收紧。

图 10–27　壶铃 – 甩摆

示例动作 23：滑垫 – 仰卧弯腿（图 10–28）

• 动作功能

主要发展臀大肌、腘绳肌、竖脊肌、腰方肌等。

• 起始姿势

仰卧在地板上，双手放于身体两侧，掌心向上，双腿伸直，脚跟置于滑垫上。

• 动作步骤

①保持身体从肩到脚踝呈一条直线，将臀部抬离地面；
②保持髋关节角度不变，屈膝，脚跟固定将滑垫拉向臀部，直至膝关节成 90° 夹角；
③伸膝，将滑垫推离臀部，回到起始姿势，重复规定次数。

• 指导要点

①保持挺胸直背，腹部收紧，踝关节成 90° 夹角；
②推拉滑垫时，保持臀部收紧不要下沉。

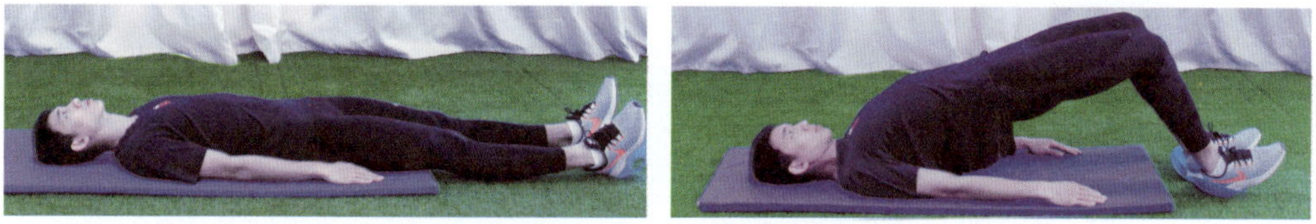

图 10–28　滑垫 – 仰卧弯腿

示例动作 24：瑞士球 – 仰卧弯腿（图 10–29）

• 动作功能

主要发展臀大肌、腘绳肌、竖脊肌、腰方肌等。

• 起始姿势

仰卧在地板上，双手放于身体两侧，掌心向上，双腿伸直，脚跟置于瑞士球上，踝关节成 90° 夹角。

• 动作步骤

①保持身体从肩到脚踝呈一条直线，将臀部抬离地面；

②保持髋关节角度不变，屈膝，脚跟固定将滑垫拉向臀部，直至膝关节成 90° 夹角；

③伸膝，将滑垫推离臀部，回到起始姿势，重复规定次数。

• 指导要点

①保持挺胸直背，腹部收紧，踝关节成 90° 夹角；

②推拉滑垫时，保持臀部收紧不要下沉。

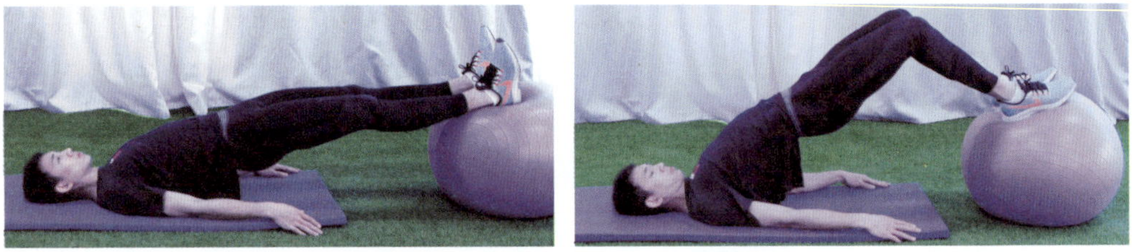

图 10–29　瑞士球 – 仰卧弯腿

示例动作 25: 气动训练器 – 低分腿姿侧向抗阻胸部推起（图 10–30）

• 动作功能

加强身体的旋转稳定性，主要发展腹直肌、腹内斜肌、腹外斜肌、腹横肌、胸大肌等。

• 起始姿势

身体右侧对把手呈低分腿蹲姿，右腿在前，双手合十握住把手置于胸前。

• 动作步骤

①将把手向前沿水平方向推出至双臂伸直；

②收回手臂，回到起始姿势，重复规定次数；

③换至对侧，重复以上步骤。

• 指导要点

前侧腿膝关节不要超过脚尖或内扣。

图 10–30　气动训练器 – 低分腿姿侧向抗阻胸部推起

示例动作 26：气动训练器 – 绳索 – 半跪姿稳定性推举（图 10–31）

• 动作功能

加强身体的旋转稳定性，主要发展腹直肌、腹内斜肌、腹外斜肌、腹横肌等。

• 起始姿势

身体右侧对绳索呈半跪姿，左腿在前，双手握绳索置于右侧腰际，距离微比肩宽，右臂伸直。

• 动作步骤

①双臂向左肩上提绳索，至右手到达胸口位置；
②保持左臂不动，右手将绳索沿水平方向推出，至右臂伸直；
③收回右手至胸前，回到起始姿势，重复规定次数；
④换至对侧，重复以上步骤。

- 指导要点

①保持挺胸直背，腹部收紧，身体不要晃动；
②旋转时，始终保持髋部向前；
③前侧腿膝关节不要超过脚尖或内扣。

图 10–31 气动训练器 – 绳索 – 半跪姿稳定性推举

示例动作 27: 气动训练器 – 站姿旋转后拉（图 10–32）

- 动作功能

加强身体的旋转爆发力，提高动力链能量传递效率，主要发展臀大肌、股四头肌、腘绳肌、腹内斜肌、腹外斜肌等。

- 起始姿势

身体右侧对绳索呈高分腿蹲姿，屈髋，左手握绳索置于右膝外侧，右臂伸直，保持重心在右脚。

- 动作步骤

①快速伸膝、伸髋站起，向左转身呈直立姿正常站立，同时将绳索提拉至左侧腹部；
②保持把手在左腹，转身至左侧，重心移至左脚，双腿伸直；

③回到起始姿势，重复规定次数；

④换至对侧，重复以上步骤。

• 指导要点

保持挺胸直背，腹部收紧，不要屈髋或后仰。

图 10-32　气动训练器 - 站姿旋转后拉

（6）恢复再生和拉伸放松

在训练单元的最后环节，让运动员进行软组织再生和自主拉伸放松。运动后即刻对肌肉进行舒缓性的软组织再生，有助于恢复肌肉弹性，加快机体血液和淋巴循环，促进代谢产物的排除，并减缓第二天肌肉延迟性酸痛反应。

训练前一般进行动态拉伸，训练后主要采用静态拉伸模式。静态拉伸可以有效放松紧张的肌肉，有助于梳理肌肉组织，促进机体恢复和预防损伤。通常每个部位拉伸时间在 10~60 秒，针对特别需要拉伸提升柔韧性的运动员个体，体能教练可以通过 PNF 或 AIS 技法，帮助其进行辅助拉伸。针对短跑运动员来说，为了保持下肢爆发力，不能针对下肢过度拉伸，应以热身和放松为主。

恢复放松环节的方法手段对于任何运动项目都同样适用。如表 10-9 所示，主要按照上肢、肩部、胸部、背部、腰部、腹部、髋部和下肢的身体部位进行分类设置，根据运动员个体训练课后的具体情况，进行针对性的软组织再生和拉伸。列出其中与短跑项目最为相关的 13 个拉伸动作及 9 个软组织放松动作，作为示例参考。

表 10-9 短跑项目恢复放松板块动作参考一览表

身体部位	主要肌肉或关节	参数设置	动作备注信息
上肢、肩部肌群	肱二头肌、肱三头肌、胸大肌、三角肌、腕伸肌、腕屈肌、斜角肌、肩胛下肌、冈上肌、菱形肌	软组织再生：30 秒，双侧 拉伸放松：1~3 次，每次 10~60 秒	再生：用泡沫轴、筋膜球、按摩棒等工具 拉伸：配合深呼吸
胸部、背部、腰部、腹部	胸大肌、胸小肌、背阔肌、腰方肌、腹直肌、腹内外斜肌、胸椎部位	软组织再生：30 秒，双侧 拉伸放松：1~3 次，每次 10~60 秒	再生：用泡沫轴、筋膜球、按摩棒等工具 拉伸：配合深呼吸
下肢、髋部肌群	臀大肌、臀中肌、髂腰肌、阔筋膜张肌、梨状肌、髂胫束、腘绳肌、股四头肌、内收肌、外展肌、胫骨前肌、腓肠肌	软组织再生：30 秒，双侧 拉伸放松：1~3 次，每次 10~60 秒	再生：用泡沫轴、筋膜球、按摩棒等工具 拉伸：配合深呼吸
复合性拉伸	麻花拉伸、穆罕默德姿势拉伸	拉伸放松：1~3 次，每次 10~60 秒	左右两侧一样，配合呼吸

参考文献

[1] 杜泽·邦帕，迈克尔·卡雷拉．青少年运动员体能训练［M］．尹晓峰，译．上海：上海文化出版社，2019．

[2] 陈家全，李庆，陈婉容．短跑——现代短跑技术与训练［M］．北京：北京体育大学出版社，2011．

[3] 李广文，李鸿江．现代 100m 跑运动员速度、步态变化特征理论的应用［J］．首都体育学院学报，2009，21（2）：250–253．

[4] 姜自立，李庆．现代男子 100m 速度节奏特征的多维分析及其对训练的启示［J］．山东体育学院学报，2015，31（3）：98–104．

[5] 姜自立，李庆．我国高水平短跑运动员速度耐力训练现状［J］．上海体育学院学报，2017，41（5）：75–81．

[6] 姜自立，李庆，曹人天．对现代短跑技术若干问题的重新审视［J］．体育学刊，2016（4）：6–11．

[7] 姜自立，李庆，邓晖．高水平男子短跑运动员步长和步频的评价标准与发展规律［J］．河北体育学院学报，2016，30（3）：64–72．

[8] 姜自立，李庆．高水平短跑运动员速度耐力训练特征探究——以清华大学男子短跑队为例［J］．沈阳体育学院学报，2016，35（3）：101–107．

[9] 姜自立，李庆．对短跑力量训练的再思考［J］．山东体育学院学报，2017，33（5）：86–93．

[10] 陈小平．竞技运动训练实践发展的理论思考［M］．北京：北京体育大学出版社，2008．

[11] 陈小平．对马特维耶夫“训练周期”理论的审视［J］．中国体育科技，2003（4）：6–7．

[12] 陈小平．科技助力奥运训练：形势、进展与对策［J］．体育学研究，2018，1（1）：76–82．

[13] 陈小平．运动训练长期计划模式的发展——从经典训练分期理论到“板块”训练分期理论［J］．体育科学，2016，36（2）：3–13．

[14] 陈小平．当代运动训练热点问题研究——理论与实践亟待解决的问题［M］．北京：北京体育大学出版社，2005：61–62．

[15] 王锋，李成梁，王新雷，等. 论末端释放训练及其在竞技体育中的应用 [J]. 体育科学，2015, 35(4): 82–89.
[16] 褚云芳，陈小平. 对耐力训练中“有氧”与“无氧”若干问题的重新审视 [J]. 体育科学，2014, 4 (34): 84–91.
[17] 郭成吉，田中原，赛庆斌，等. 世界优秀男子短跑运动员 100m 跑速度规律的生理学分析 [J]. 中国体育科技，2003，39 (10): 34–37.
[18] 郭树涛，孙红炜. 100m 跑加速能力的探讨——与郭成吉教授商榷 [J]. 中国体育科技，2005, 41 (2): 25–27.
[19] 李雷. 100m 优秀运动员体能分配的结构优化 [J]. 西安体育学院学报，2003, 20 (3): 57–59.
[20] 申伟华，吴斗雷. 优秀运动员 100m 短跑最大速度利用率及其特点分析 [J]. 北京体育大学学报，2005, 28 (8): 1126–1127.
[21] 谢慧松. 中外优秀男子百米分段速度的研究 [J]. 北京体育大学学报，2005，28 (3): 407–409.
[22] 谢慧松. 中、外优秀男子百米途中跑运动学研究及模型的构建 [J]. 体育科学，2007, 27 (6): 17–23.
[23] 田麦久. 运动训练学 [M]. 北京：人民体育出版社，2000.
[24] 于洪军，任越. 青少年力量训练：机制，方法与趋向 [J]. 体育科学，2015，35 (8): 76–85.
[25] 田野. 运动生理学高级教程 [M]. 北京：高等教育出版社，2003.
[26] 孙南，熊西北，张英波. 现代田径训练高级教程 [M]. 北京：北京体育大学出版社，2011.
[27] 袁运平，王保成. 短跑 [M]. 北京：人民体育出版社，1996.
[28] 周振平，李秀梅，杨辉. 无氧耐力训练方法 [J]. 北京体育大学学报，2008，30 (S1): 551–552.
[29] 黎涌明. 不同运动方式的能量代谢——共性与区别 [J]. 体育科学，2013，33 (12): 81–86.
[30] 冯炜权. 血乳酸与运动训练：应用手册 [M]. 北京：人民体育出版社，1990.
[31] 王雄，沈兆喆. 身体功能训练动作手册 [M]. 北京：人民体育出版社，2014.
[32] 王雄. 青少年身体训练动作手册 [M]. 北京：人民邮电出版社，2020.
[33] 陈瑾. 项群理论在短跑运动员体能训练的运用 [J]. 当代体育科技，2013，16 (3):

47–49.
[34] 施良. 功能性力量训练对初中生百米成绩的影响研究 [D]. 南京：南京师范大学，2018.
[35] 王子建. 躯干支柱力量训练对田径专业大学生身体平衡能力影响的实验研究 [D]. 北京：北京体育大学，2018.
[36] 赵凯. 功能性训练在 400 米项目中应用效果实证研究 [D]. 济南：山东体育学院，2019.
[37] 张杨. FMS 在中学短跑运动员中弱链诊断与补足的研究 [D]. 临汾：山西师范大学，2019.
[38] 陈少哲. 功能性训练对 110 米栏二级运动员跨栏步技术影响的研究 [D]. 广州：广州体育学院，2019.
[39] 孟琪. 躯干支柱稳定和再生练习在体育专业跑跳投教学中的应用研究 [D]. 北京：北京体育大学，2019.
[40] 王巧云. 躯干支柱稳定性训练对短跑运动员起跑加速能力影响的实验研究 [D]. 北京：北京体育大学，2015.
[41] 廖承明. 不同拉伸法对高中短跑运动员动作幅度影响的比较研究 [D]. 乌鲁木齐：新疆师范大学，2016.
[42] 万梨. 功能训练对优化跨栏技术教学的实验研究 [D]. 北京：北京体育大学，2014.
[43] 王水亮. 功能动作筛查（FMS）在学生运动员男子 200m 跑训练中的实证研究 [D]. 西安：陕西师范大学，2017.
[44] 黄玉宝. 核心区力量对背越式跳高技术的影响分析研究 [D]. 成都：成都体育学院，2012.
[45] 王振中. 功能性训练在原地推铅球训练中应用的实验研究 [D]. 济南：山东师范大学，2019.
[46] 张甜. 功能性训练对背向滑步推铅球二级运动员最后用力技术影响的研究 [D]. 广州：广州体育学院，2019.
[47] 赵改青. 功能训练对投掷项目的促进研究 [D]. 武汉：武汉体育学院，2012.
[48] Bompa T O，Carrera M. Conditioning Young Athletes [M]. Champaign IL：Human Kinetics，2015.
[49] Shinabargar A J，Hellrich M，Baker B. What Makes Usain Bolt Unique as a Sprinter? [J]. The Physics Teacher，2010，48 (6)：365.

附　录

优秀运动员技术图谱

李　庆　姜自立

卡尔·刘易斯起跑和加速跑技术

苏炳添蹲距式起跑技术

苏炳添途中跑技术